# 障がい児の子育てサポート法

加藤博之／藤江美香

青弓社

装丁――犬塚勝一

# はじめに

子どもに障がいがあるとわかったとき、親（その役割を担う人も含まれます）の人生はそれまでと一変します。先が見えず、今後どのような生活が待っているのか、一体どのように子育てをしていけばいいのか……。多くの親は、不安な気持ちにさいなまれ、その状態が長期間続きます。

障がいは、親が何かおかしいと気づき、受診したり、1歳半健診や3歳児健診で指摘されてわかるケースが多く、そこから、本当の意味での「障がい児の子育て」が始まります。

相談先の医療機関では、診断はするものの、その後のケア（療育）はほとんどなされず、なすすべがありません。公的機関などでおこなわれる療育も十分な回数とはいえず、焦っているうちに時間ばかりが過ぎてしまうのです。

また、地域の保健センターでは、一般的な子育て論ばかり語られ、最も必要であるはずのそれぞれの子どもに合ったアドバイスがなかなかなされません。障がい児は、たとえ診断名が同じであっても、一人ひとりの育て方や対応に大きな差異があり、一般論はほとんど役に立たないのです。

医療―福祉―療育（教育）という専門の場は、確かに以前よりも増えていて、内容的にも充実してきています。しかし、残念なことに、実際にはそれらがうまく連携・機能しておらず、ちぐはぐな対応がなされることが多いのです。

その背景には、1人の子どもをトータルでとらえ、長期間にわたってサポートする場がほとんど見られないということがあげられます。障がいがある子どもの未来地図を、明るく、総合的にプロデュースしてくれる場がないのであり、そのつど対応してくれても、結局はすべて親任せになってしまっているのです。

障がい児を親だけで育てるのは、あまりに負担が大きすぎます。相談相手が替わるたび、子どもの様子を初めから説明しなければならないという現実に、「一体自分は何をしているんだろう」と考え込む親はとても多いのです。そのときどきで異なる意見を言われても、親は子育てに疲れ果ててしまうことでしょう。

結局、このような状況でさんざんもがくうちに、親はだんだんと子育てに無力感をもつようになってきます。親がいままさに知りたいことは、医療の専門家にどのような相談をすればいいのか、教育の担当者に子どもを理解してもらうためにはどうすればいいのか、乳幼児期におこなうことは何か、小学校に入るまでに何をすればいいのか、など、きわめて具体的なことなのです。そして、ほかのすべての親と同様に子育てを思う存分楽しみたいのです。

そのため、本書では、奇麗事ではなく、現実に起こりうるさまざまな具体的な問題に目を向け、その1つ1つにできるだけわかりやすく丁寧に答えることで、多くの親たちを応援していきたいと思っています。そして、障がい児の親が、少しでも安定した気持ちで子育てに取り組めるよう、障がいがあるなしにかかわらず、子育てを楽しむことこそが子どもにとっていちばんいい形になるということを、強く訴えていきたいと考えているのです。

# 1 障がいがあるとわかって

## 1-1 うちの子はみんなとちょっと違う

子どもの誕生。親はその日を心待ちにしています。

「ミルクをたくさん飲んでくれた」「今日はよく寝てくれた」「首がすわった」「あやすと笑うようになった」「声を出すようになった」……。

日に日に成長し、新しくできることが増えていく赤ちゃんを見ていると、毎日が幸せで満たされていきます。親になった喜び、期待、無条件にかわいいわが子。

しかし、子どもを育てるということは、同時に心配なことも出てきます。

「ミルクをあまり飲まない」「おむつにかぶれた」「夜泣きがひどくて親も寝られない」「なかなか寝返りを打たない」「母親以外が抱くと泣くから預けられない」……。

ときには、泣きやまない子どもを前に、「こんなはずじゃない」と途方に暮れたり、イライラしたりすることもあるでしょう。でも、そんな悩みや心配事も、子どもの成長過程だと思えば前向きになれます。

ところが、成長過程の一環だといいきれない不安をもつことがあります。それは、育児書に書いてある成長と明らかに違う、何かが変だと親の直感的なものが芽生え始める瞬間です。また、子どもが1歳を過ぎると、外に出ることが増えてきます。当然、ほかの子どもと比べる機会も多くなり、早い人では、この時期すでに「うちの子はほかの子と違う」と感じるようになります。さらに、兄姉がいる場合、上の子と何かが違うと気づき始めます。ことばを話さないこの時期、それはまだ漠然とした思いでしかありませんが、親の直感はあたっていることが少なくありません。「笑わない」「声を出さない」「人見知りをしない」「抱っこしたときに体がつっぱる」など不安要素はたくさん考えられます。

そして、1歳半頃になると「なかなか歩きださない」「指さしをしない」「呼んでも振り向かない」「歩き始めると絶えず動いている」など、さらに気になることがはっきりとしてきます。このような様子から、「もしかして、うちの子には障がいがあるのだろうか」という疑いが頭をもたげ始めるのです。

この頃、自治体では1歳半健診をおこなっています。以前は生後すぐの健診のあと、3歳児健診をおこなっていましたが、それでは障がいの発見が遅れるということから、1歳半健診が加わりました。地域の保健センターなどで、集団でおこなわれているもので、障がいの早期発見・早期療育も目的とされています。健診の内容は以下のようなものです。

**参考「1歳6か月児健診問診票」**

◎ひとりで上手に歩きますか。（　　歳　　か月頃から）

◎ママ、ブーブーなど意味のあることばをいくつか話しますか。（ことばの数：　　　）

・おとなの簡単な命令（お座りなさい、新聞とってきて）がわかりますか。

・絵本を見て動物や物の名前をきくと、それを指さしますか。

◎どんな遊びが好きですか。（遊びの例：　　　　　　　）

◎自分でコップを持って水を飲めますか。

・他の子どもに関心をもちますか。

◎うしろから名前を呼んだとき振り向きますか。

◎極端にまぶしがったり、目の動きがおかしいのではないかと気になりますか。
●朝ごはんを食べていますか。
●就寝時間は何時ですか。
●テレビ・ビデオ・DVD等を1日にどのくらい見ていますか。
●おやつとして1日に何回飲食していますか。
●甘いおやつ（砂糖を含むアメ、チョコレート、クッキー等）をほぼ毎日食べる習慣がありますか。
●甘い飲み物（乳酸菌飲料、ジュース、果汁、スポーツドリンク等）をほぼ毎日飲む習慣がありますか。
●母乳を飲みながら寝る習慣がありますか。
●哺乳ビンでミルク等（お茶、水を除く）を飲みながら寝る習慣がありますか。
●歯みがきはどのようにしていますか。
・最近、何か病気をしましたか。
◎子育てについて困難を感じることはありますか。（育児は楽しいですか）
●子育てについて相談できる人はいますか。
●お母さんはゆったりとした気分でお子さんと過ごせる時間がありますか。
●同居家族に喫煙する人はいますか。
●浴室のドアには、子どもがひとりで開けることができないような工夫がしてありますか。

◎印は、母子健康手帳の保護者記録欄にある質問と同じ項目
●印は、愛知県共通問診項目

（出典：『愛知県母子健康診査マニュアル』（第9版、2011年）から抜粋）

ここでは、問診票の記入内容をもとに健診がおこなわれ、何ら

かの異常が見つかると要観察になります。しかし、この時期にはっきりとした指摘を受ける子は意外と少ないのです。多くの場合、「この時期にことばが出なくても、2歳を過ぎるとどんどんしゃべるお子さんも多くいます。もう少し様子を見てみましょう」「この時期は好奇心が旺盛ですから、動き回るのは当然なのです。まだ多動とは言えないでしょう」などと言われて終わってしまうことも少なくありません。そして、「また半年後にみせてください」と言われ、そのままになってしまうケースが多いのです。発達に関しては、例えばあまり専門知識がない保健師から「ことばが出るためにどんどん話しかけてください」などと一般的なアドバイスを受け、かえって話し始めるのに時間がかかってしまうケースも見られます。

初めての子の場合、この時期は、親も‘親’になりたてで、「この子の成長は、みんなよりもちょっと遅いだけで普通なのだろうか（きっとそうなんだ）……でも本当にこのままでいいだろうか……」と悶々としながら毎日を過ごしています。また、兄姉がいる場合、成長の違いが気になることも多くなってきます。

そのようななか、親は相談をする場もなく、日々不安と闘いながら暮らすのです。なかには、じっとしていられない子どもと一緒に、毎日3、4時間散歩をしているケースも見られます。せめて、1カ月に一度でも、様子を見てアドバイスがもらえたら、気持ちが楽になるのに。

そして、2歳になっても「ことばが出ない」「呼んでも振り向かない」「同じ遊びを続ける」「公園に行ってもほかの子と遊べず1人で遊ぶ」「公園でほかの子のおもちゃを取る」「手をつないでいないと走っていってしまう」「目が合わない」「かんしゃくを起こしやすい」「激しく泣く」など、不安な行動が顕著になってきます。そのため、やっぱりこの子はどこかおかしい、との確信が強まるのです。

実際、この時期になって初めて、自治体が主催する親子教室などへの参加を勧められたり、医療機関を紹介されたりしているケースが多いようです。その後、さまざまな検査などを経て、ようやく診断になるのです。

一般的な乳幼児の発達については、次の項目を参考にしてください。

**参考：乳幼児の発達について**

◎身体・粗大運動の発達

【0歳児】

生後まもなく：原始反射（モロー反射、バビンスキー反射など）

3ヶ月：手足の動き（左右対称）、首がすわって正面を向く、腹這いで頭と胸を上げる、手で物をつかもうとする

5ヶ月：足を上げて手で足に触れる、座位獲得の準備、手を伸ばして物をとろうとする

7ヶ月：左右どちらにも寝返りをする、一人で座れる

8ヶ月：ハイハイができる

0歳後半：基本姿勢（臥位、あおむけ、うつぶせ）

0歳後半：運動面（一人座り、ハイハイ、つかまり立ち、伝い歩き）

【1・2歳児】

1歳3ヶ月：歩き始め

1歳6ヶ月頃：歩行が安定

1歳後半：板や段差などの少しの変化でも対応して歩く、しゃがんでものを取る、ものを持って歩く、押して歩く、移動に自由さが増す、遠くに見つけたものが欲しくて走る

2歳前半：歩く力が増す、走る・跳ぶ・よじ登るなどの力が育つ、つま先で歩く、階段の上がり下がり（一段ずつ足をそろえて）、徐々に足を交互に出して上り一段ずつそろえて下りる

2歳半ば：つま先で歩くようになる、両足ジャンプ、片足で立とうとする

【3・4歳児】

3歳前半：階段を交互に踏み出して上る、片足立ち、ケンケン、ピョンピョン跳び（垂直方向への動きが加わった前進運動が可能）、土手をよじ登る、駆け下りる

3歳半ば：三輪車をこぐ、ボールを蹴る、片足立ち（2秒）

4歳：ケンケン、スキップ、側転、棒のぼり、うんてい（「〜しながら…する」活動スタイルの獲得）、イメージ通りに身体を動かす

◎手指の操作（微細運動）の発達

【0歳児】

1ヶ月：把握反射（常に両手を握り込んでいる）

3ヶ月：反射が消え、親指が外に出て少し手を開く（ガラガラを持たせると握る）

4ヶ月：目で見たものに対し、手を伸ばす（リーチング）

5ヶ月：つかんで引き寄せ、なめたり振ったりして遊ぶ

7ヶ月：左右どちらの手でもオモチャを取ることができ、持ちかえをする

9ヶ月：両手にオモチャを持ち打ち合わせて遊ぶ、ものを持って机を叩く、器の中のものを取り出す、小さいものを指先でつまもうとする、ティッシュペーパーを箱から全部引き出す

11ヶ月：器の中にものを入れる、積木を積む、小さいものを親指と人さし指の先でつまむ

12ヶ月：破る、ひっぱる、両手に持っているものを打ち合わせる、ものを離すのがうまくなる

【1・2歳児】

1歳前半：大人が食べ物をすくってあげると、スプーンの柄

を握って食べ物を口に運ぶ

1歳半ば：鉛筆やクレヨンを持ってなぐり描きをする、ものを放り投げる

1歳後半：スプーン、シャベルなどの道具が使えるようになる、ぐるぐる丸を描く、積木を積み上げる、棒差しをする

2歳：片手に茶碗、もう一方でスプーンを持って口に運ぶ、両手の指先を使ってボタンをはめる、粘土を手のひらで細長くしたり丸めたりして意味づける（両手の協応）

※1〜2歳代は、移動などの全身運動が発達するのに比べると、手の操作、いわゆる微細運動はそれほど顕著な変化が見えにくい時期

【3・4歳児】

3歳前半：顔らしいものを描き出す、グルグル丸からやがて丸をいっぱい描いてからそれぞれを名付ける（「丸のファンファーレ」の時期）、はさみ（1回1回切り落とす）

3歳後半：はさみ（左手で紙を持ち、右手で直線に切る、左右の手の協応が可能になる）

4歳：利き手がほぼ決定、描画・造形活動の拡がり、はさみ（切りながら進む、紙を回しながら切る）、粘土遊び（パーツを作ってそれらを組み合わせながら何か全体としてまとまりのあるものを作ろうとする）、描画（丸のファンファーレ、頭足人、四角形、三角形などの「角」への挑戦が始まる）、人物画（胴体、手足に動きが出てくる）

◎認知の発達

【0歳児】

2ヶ月：やさしい語りかけや、快い音に身動きを止めてじっと聞き入る

3ヶ月：物音や人の声の方へ顔を向け、動くものをじっと目で追う（追視）

4ヶ月：母親を認識し、声を出して笑う
5ヶ月：見たものを手でつかもうとする
6ヶ月：「いないいないばあ」で笑う（物の永続性の成立）
8ヶ月：明暗・色・形・大きさ・奥行きなどの外界認知、イメージ的思考の始まり
8〜9ヶ月：模倣の出現
10ヶ月：色彩の区別
0歳後半：人ないし生きているものとそうでないものとをかなり明確に区別できる
【1・2歳児】
1歳前半：「はめ板」の○が可能。○△□で○を渡し□を手前にすると□に○を入れようとする、犬と金魚は区別できる、犬と言うことで動物全体を代表させる
1歳半ば：○△□で遠くの位置の○を見つけ正確にはめ込む、昼寝のとき足から布団に入る、段差のあるところで後ろを向いて足から降りる
1歳後半：似た物をまとめていじる傾向が強くなる、簡単な形の弁別が可能になる（△○など）
2歳前半：「同じ」（共通性）を理解、「大きい—小さい」「長い—短い」の関係がわかる、「〜してから…する」「〜だから…する」という事象の関係付けができる、順番を待ったり見通しを持った行動ができる、みたてやつもり遊び（行動、身振り、ことばにより）、粘土や積木、ブロックなどでイメージ遊びができる
【3・4歳児】
3歳：平行四辺形とひし形の区別が可能、折り紙、ブロックなどに興味を示す、数や色名の理解（数＝3つ、色＝赤、青、黄、緑などの基本的な色名）
4歳：復唱課題（4数の復唱）が可能、「〜しながら…する」ということができる、10くらいまでものを数えたり、まと

まりとしてとらえられる、「○個ずつ配る」「ブランコを○回押してもらったら交代する」「オニは10数えてから探す」などが可能、色の好みがはっきりする

◎コミュニケーション・言語の発達

【0歳児】

1ヶ月：「パ」「バ」の違いを聞き分ける、クーイング（「アー」「クー」）

2ヶ月：『喃語』（アバー）の出現、『バブリング（bubbling）』（いわゆるバブバブバブ）

2〜3ヶ月：乳児の動きと母親の発声やほほえみが相互交流をなす（対話の原初的な形の成立）

5〜6ヶ月：喃語の変化（「ババ、ババ」から「アブー、アバブー」、異なった音節の反復）、ピークは8ヶ月〜1歳（何らかのコミュニケーションの意図を持って行う）

6ヶ月：自分の手の届かない対象に手を伸ばす（欲望の世界に手を広げる）

7ヶ月：何か話しかけているかのように抑揚をつけた声を出す

9ヶ月：音声模倣が一段と活発になる、届かないのを承知で手を伸ばす、手ざしの出現

9〜10ヶ月：『ものの受け渡し（giving）』『指さし（pointing）』『注意の共有、ジョイント・アテンション（joint attention）』『三項関係』『他者に見せる、提示する（showing）』の出現、欲しいものが取れないとそばの人の顔の注視や声かけにより自分の意図・要求を伝達する

10〜12ヶ月：『ソーシャル・リファレンシング（social referencing）』（他者への問い合わせ、社会的参照、人の情緒を表情から読みとって自分の置かれた状況を判断する能力）、『ターン・テイキング（turn-taking）』（他者との交流の中で働きかけ

と待ち受けを交互にこなせるようになる）
1歳前後：初語の出現
〈参照〉
**ジョイント・アテンション**（joint attention、注意の共有）：子どもと母親が同じものに注意を向けること
**三項関係**：大人と子どもが、ものを介しながら気持ちを共有させる関係
**ショウイング**（showing、提示する）：「ねえ、ママ、みてみて、かわいい人形をみつけたのよ」と相手にものを見せて、共感してもらいたい気持ちの表れ
**ソーシャル・リファレンシング**（social referencing、他者への問い合わせ、社会的参照）：幼い子どもが、初めて出会ったことに対して、「こうすればいいのかな」と振り返ったとき、親や祖父母や保育士などの視線が必ず見守ってくれていて、そして「どうすればいいのか」を教えてくれること
**【1・2歳児】**
1歳前半：語いの増加はゆっくり、後半に急増し二語発話（「マンマ、ちょうだい」）が出現、ことば以外の手段（指さしや身振りなど）で自分の意図を伝えようとする、大人との相互遊び
1歳半ば：肯定と否定の気持ちを身振りやことばで表す、「〜はどれ?」に指さしで応答、「お散歩に行くから靴をとっておいで」で靴を取りに行く、「見立て」の出現（象徴機能）、「他者のふり」、ボキャブラリー・スパート、他児への興味
1歳後半：最初の二語発話、自分の名前を言う、所有の「の」の出現、ことばで感情をコントロールできるようになる
2歳前半：知っている語句を羅列する、三語・四語発話の出現、「これ、何?」を繰り返す、要求表現が状況に応じて変化（「もっとちょうだい」から「もっとおつゆちょうだい」へ）
2歳後半：多語文の出現、赤ちゃんことばが消え、大人の表

現に切り替わる、「ダレ」「ナニ」「ドコ」「ドッチ」などの質問の出現（「ドウシテ」や「イツ」はこれらより遅れて聞かれる）

【3・4歳児】

3歳前半：使用語い500語程度、姓名、年齢、性別など繰り返される質問に答えられる、助動詞等の誤用（「ミエテ」「トレテ」）、造語（理髪店「アタマヤサン」）、過剰般化（あることを学習するとそれをより広い範囲にまで一般化して当てはめようとする）、構音上の問題（ラ行、サ行など）

3歳半ば：使用語い700語程度、その日にあった出来事を伝えられる（今日昨日は難しい）

3歳後半：日常見慣れているはずのことに疑問（「何でママはパパのつっかけ履いてるの?」）、「○○してから△△する」「□□しようと思っていたのに」初歩的な複文が出現

4歳前半：使用語い1500〜2000語程度、「語りの様式」を獲得（いつ、どこで、だれが、〜をした）

4歳後半：相手のことばをよく聞き返し復唱して考える、自分が主導権を握って話を展開させていく（じっくり話すため時間がかかる）

◎対人関係・社会性の発達

【0歳児】

1ヶ月半：人の顔を見てほほえむ

2〜3ヶ月：大人が笑いかけると笑う（社会的微笑）、目より耳が発達、声がした方へ向きたいという願いと実際の能力との間に矛盾が生じる（ぐずり泣き、この矛盾を乗り越えて発達する）、声を出した方向を探し、声を出したと思われる顔を認める

3ヶ月：おはしゃぎ反応（3ヶ月微笑）

4ヶ月：大人があやしてもすぐには笑わなくなる（受け身か

ら自主的に人間関係を結ぼうとする）
5〜6ヶ月：親しい人に自ら笑いかける（選択的な社会的微笑）
6ヶ月前後：手の届かないところに手を伸ばす（手を伸ばせば大人が持ってきてくれるか、そこに連れて行ってくれることを理解）
7〜8ヶ月：人見知り（8ヶ月不安、愛着の裏返し）、『愛着（アタッチメント）』
7ヶ月：行為の共同化（ある行為が他者の反応を引き起こすことが意識してなされる）
10ヶ月〜1歳：表情を介したやりとり、分離不安（大好きな人の姿が見えないと大泣きして探す）、自ら人との関係を作ろうとする、名前を呼ばれるとわかる、「ちょうだい」でものを差し出す
11ヶ月：周囲の人の顔を覚える
【1・2歳児】
1歳前半：『ショウ・オフ』（show off＝演じて見せる、見せびらかし、自分が何かをすると周囲が喜ぶ、それを見てさらに演じて見せようとする）、親の気持ちを多少とも推測し始める、自分の名前を呼ばれて正しく応答する（日常場面）
1歳半ば：自己主張（ことばや行動ではっきりと示す）、子ども同士（他児の行動に同調し共感し合う、ものの取り合い）、鏡を見てそこに映っているのが自分だとわかる
1歳後半：自分の名前を呼ばれて正しく応答する（出席をとる場面）、自分の名前を言う、友達の名前を聞いて指さしできる、「○○ちゃんの」という概念が成立
2歳：遊びや生活のさまざまな場面で「自分でする」ことを大切にする、相手の要求や気持ちがわかって受け入れたり「だめよ」でケンカになることもある、自他の区別がつき「このときはこうする」「この人はこうしてくれる」という行

動が明確になる、「いっぱい・ちょっと」「大きい・小さい」「きれい・きたない」など対の関係で世界を知り分けていく
2歳半ば：自分のことを「ぼく」「わたし」と呼ぶようになる
2歳後半：いきなり友達のものを取るのではなく「貸して」ということばでのやりとりが始まる、「なんで」「どうして」の問いを連発する、人に何かを分けてあげることを好む

【3・4歳児】
3歳前半：「自分で〜する」という自己主張の出現（第一反抗期）、子どもだけでの会話、子どもだけでの遊びが可能（子ども同士の親密化）
3歳後半：馴染みのストーリーに添ったごっこ遊び、「しっぽとり」「引っ越しオニ」「色オニ」のようなわかりやすい目標のある鬼ごっこ、簡単な服の脱ぎ着、食事、トイレ、三輪車、土手登り、など体の発達と共に、「一人でできるもん」「自分でやりたい」という主張が強くなる
4歳：「〜したら…する」という因果関係の理解が進む、鬼ごっこなどで「つかまりたくない」という情動を徐々にコントロールできる、「ことばで教える」「ちょっとだけ手伝ってあげる」が困難、自分を励ましながら立ち直っていく、過去の経験から教訓を引き出して「前」と「今度」を系列的に評価して立ち直る（「今回はできなかったけど、次はこうしてみよう」）、ごっこ遊びで「ホント」「うそっこ」という2つの世界を自在に往き来する姿が見られる

（出典：加藤博之『子どもの世界をよみとく音楽療法——特別支援教育の発達的視点を踏まえて』、明治図書出版、2007年、16—24ページ）

以上の発達表を参考に、「うちの子はちょっと違う」と気づいたとき、親はどのように考え、具体的に行動を起こしていけばいいのでしょうか。

一般的には、前述の1歳半健診や3歳児健診で受けた指摘を、医療機関や大学病院の発達外来に相談するという流れが考えられます。ドクターから診断を受け、あるいは発達検査を勧められ実際に検査をして、そこから「障がい児の子育て」がスタートするわけです。問題なのは、1歳半健診でも、3歳児健診でも、何も指摘されないというケースです。この場合、日頃の様子から子どもに多少の心配はあっても、何も言われないのだから「大丈夫なんだ」と思ってしまいがちです。もちろん、子どもの発達は個人差が大きいので、結果的に大丈夫なこともあるでしょう。しかし、実際に障がいがあり、その診断が大幅に遅れてしまうとすれば、それはあとあと大きな問題に発展する可能性があります。

障がいがわかったからといって、それまでの子育てと何かが大きく変わるわけではありません。変わるとすれば、子育て自体よりも、「これからどうしよう」という不安な気持ち、すなわち親の意識のほうだと考えられます。

障がいがあるとわかった時点で、多くの親はその克服のために何か特別なことをしなければ……という気持ちをもつようになります。それは、親に限らず、保育士や幼稚園教諭などもみんな同じで、その熱意はある意味で必要なことなのでしょう。しかし、実際には必ずしもプラスにはたらくとはかぎらず、しかもそのことを知るのには、ある程度の時間がかかりそうです。

この段階で最も大切なこととは何でしょうか。いち早く、専門的な療育や特別な子育てをするために、躍起になって動き回ることでしょうか。もちろん、子どもにプラスになる「専門家のはたらきかけ」は、早期であればあるほど有効だということも、数多く指摘されている部分です。しかし、親が特に気をつけなければならない点は、「いち早く何かをしなければ」という焦りをできるだけもたないということです。子育てにとって、どのような場面でも、焦りは禁物です。それは、親が子どもを何とかしようと思った瞬間に、子どもは「何とかされなければならない対象」になってしまうからです。そのことが、実は子どものいまある姿を否定することになってしまうのです。子どもはどの子も、親の気持ちを敏感に感じ取ることができます。ですから親の焦りは子育てに決していい影響を与えません。

そもそも、子どもにとって親の存在意義とは何なのでしょうか。いろいろな答えが考えられますが、その1つに、「子どもがどんな状態であっても全面的に受け入れることができる存在」ということがいえるのではないでしょうか。「あなたは、いまのあなたでいいのよ」というメッセージを出すことは、親の大切な仕事なのです。

親にとって、わが子に障がいがあると宣告されることは、とても大きなショックでしょう。だからといって、その瞬間から子どもの見方が変わり、育て方が変わるというのは、子どもからすれば全く意味がわからないことなのです。子どもの障がいがわかった時点から、どのように子ども自身や子育てに向き合っていくかということは、子どものその後の人生を大きく左右するといっても過言ではありません。

前途は決してたやすくないかもしれませんが、子どもに障がいがあるとわかっても、どうか、子どもへのかかわり方を変えることなく、とことん愛してあげてください。そして、ドクターに対し、「私はどのような診断を受けても、これまでと育て方は変わらない。もちろん、愛情も変わらない。そのうえで、もし何かできることがあったら、専門家の立場から1つ2つ、アドバイスをいただきたい」と尋ねてみてはいかがでしょうか。繰り返しますが、大事なのは、子育てを焦らないことであり、何かをしてやろう、などという傲慢な気持ちで子どもとかかわらないことです。それこそが、障がい児の子育ての大きな第一歩になるのです。

## 1-2 障がいを受け止める

障がいには、生まれてすぐわかるケース（ダウン症、脳性マヒ、肢体不自由など）と、しばらくたってからわかるケース（自閉症、知的障がい、アスペルガー症候群、ADHDなど）があります。また、幼児期にはわからず、小学校に入ってからわかるケースもあります（LDなど）。さらに、交通事故などによる中途障がいも考えられます。いずれの場合も、診断を受けるということは、親にとってこのうえない緊張感を味わう瞬間になるでしょう。

ある母親は、そのときのことをこう語っています。

「大体予想していたとおりだったとはいえ、実際はっきり診断されると、いろいろなことが一気に頭をよぎり、「いじめられてしまうんだろうか……」「進学できるんだろうか……」「結婚はできないのか……」など先々のことが心配で不安で、涙が止まりませんでした」

これは、診断を受けたときの率直な気持ちでしょう。

親が、自分の子どもの障がいを受容し、何とか育てていこうと思えるようになるまで、たくさんの葛藤があり、とても多くの時間を要します。その間、一般的に次のような気持ちの変化が起こるといわれています。

①ショック：障がい児とわかったことによる驚きと戸惑い。
②否認：うちの子が障がい児であるはずはない、医者の診断が誤っている。
③悲しみと怒り：どうして自分の子どもだけが障がい児に生まれたんだ。
④適応：葛藤を繰り返しながらも、やがて現実を受け入れ始める。
⑤受容：障がいがあろうとなかろうと、かわいいかけがえのない

わが子。障がいとは、要するに個性の一種である。
（上記は、エリザベス・キューブラー・ロスの死の受容のプロセスを参考に作成しています。）

このようなプロセスは、おおいに参考になりますが、実際にはこのようなプロセスを順にたどるというケースはあまり多くないのかもしれません。たいていの場合、落胆と回復の過程を繰り返しながら、慢性的に悲哀を感じ続けるという調査結果も報告されています。

親は、いったん子どものことを受け入れることができても、幼稚園への入園や小学校への入学など、節目節目でほかの子どもたちを目にし、それらの子と比較しながら、わが子に対する複雑な気持ちを呼び覚まされることになるのでしょう。

## 1-3 障がい児を取り巻く環境

障がい児は、典型的な発達をたどる子ども（いわゆる健常児）とは異なる環境で過ごしていくことになります。例えばそれは、さまざまな場面で生じる、どちらかといえば不愉快な出来事のなかに現れてきます。

ここで、保護者が実際に経験した事柄について紹介しましょう。

◎保護者が実際に経験したいろいろな出来事

〈医療機関で〉

・診断や報告だけで、どうすればいいのかということへの言及はなかった。
・障がい名を告げられ、高校受験は無理と言われた。
・ちょっと見て「こういう子は知能も遅れている」と言われた（実際には知的な遅れはなかった）。

- 先生の対応が事務的で冷たかった。
- 療育は「早ければ早いほどいい」と言われたが、半年に一度行くと、「様子を見ましょう」とだけしか言われなかった。
- ドクターに「学校ではこうすればいい」とアドバイスされるのだが、とてもではないが、その内容（特別な配慮）を担任に頼めない。

〈保健センター・市の発達相談で〉
- 話を聞くだけでアドバイスがもらえなかった。
- 子どもに対する態度が冷たかった。
- 兄に障がいがあると、下の子まで疑いの目で見られた。
- 「いっぱい話しかけてあげてください」「たくさん遊んであげてください」といつも言われたが、話しかけても応じず、遊ぶことが苦手なわが子とどう接すればいいかわからなかった（アドバイスがステレオタイプだった）。
- 療育手帳を取ったほうがいいと何度も言われたが、理由の説明がなかった（実際に取ったあとのサービスは自分で調べた）。
- 幼稚園に行けるかどうか相談したら、半年後に通園施設（＊）がいいという連絡があった。
- 児童相談所で毎回「〇〇くんなりに発達しています」としか言われなかった。
- 検査のとき、課題を指示どおりできず、舌打ちをされた。
- 1歳半健診のとき「母親がちゃんとしていないから、子どもがちゃんとできないんだ」と言われた。
- 療育センターの耳鼻科の医者に、ことばが遅いことを相談すると「それは、あなたの言い方が悪いからわからないだけ」と言われた。
- 親子教室で数人の担当者がいるが、アドバイスの内容が各自バラバラで混乱する。

〈幼稚園・保育園・通園施設で〉

・「こんな子どもがいるのにどうして働いているのか」と言われた。
・園長に「○○くんがこうなったのは母親のせいだ」と言われた。
・園長に「○○くんがいると、ほかの子が入らなくなってしまうんですよね」と言われた。
・療育手帳がなければ加配（通常よりも教員を多く配置すること）が頼めない、支援教育は無理と言われた。
・幼稚園に「補助金を出してもらいたいから、診断書をもらってきて」と言われた。
・通園施設で、偏食のある子どもが無理やり食事を食べさせられ、食事の時間をいやがるようになった（その後、特別支援学校の小学部に入ってからも、給食の時間になると怯えるような仕草が見られた）。

（＊）通園施設：就学前の心身に障がいがある子どもに対し、個別あるいは集団活動および療育や生活援助をおこなう施設。年齢や子どもの障がい、発達に応じてグルーピングがなされている。保育士や心理士、理学療法士、作業療法士、言語聴覚士などによって、専門的な療育がおこなわれている。

〈学校に入学してから〉

・就学相談で1時間も子どものことを説明したのに、その内容が入学先の学校に伝わっていなかった（また最初から同じ説明をしなければならなかった）。
・担任によって対応が全く違う。
・担任が子どもの悪いところばかりを言うのでつらかった。
・教育相談で叱られてしまう。
・毎年のように、初めて支援学級を受け持つ先生が担任になった。
・通常学級で、座席の配慮、掲示物（乱雑）、授業の進め方（テンポが悪い、話しかけ方がわかりにくい）など、発達障がい児への配慮が見られない。

- 民間の療育機関に通うため早退することを担任に言うと、担任がほかの保護者に伝えてしまい、「そんなことして、私は反対よ」とその保護者に言われ、関係が崩れた。

〈その他〉

- 健診や就学相談のデータが関係機関で共有されていないので、どこに行っても、初めから説明しなければならなかった。

〈学校に入学してよかったこと〉

- 理解してくれる先生に出会って子どもが大きく変わった。
- 入学前に、支援学級の担任から「待ってますよ」と言ってもらったことがうれしかった。

これらの事柄は、もしかしたらごく一部の例なのかもしれません。実際に、もっとうまくいっているケースも多々見られます。しかし、このような思いをする保護者も、実は決して少なくないというのが、筆者がこれまで接してきた数多くの保護者との話で感じ得た率直な印象です。残念なことに、公的機関や医療機関、就学前の教育・療育機関、そして学校には、不安な気持ちを抱える人たちに対する配慮や心遣いが、まだ十分とはいえない面があるようです。それは、話の内容もさることながら、説明の仕方に問題があり、不適切なことばを多く用いるところに現れています（前述の出来事には、専門家の強い圧力を感じます）。専門家は正しいと思って伝えているのかもしれません。ですが、同じことを伝えるにも、もう少し言い方や言うタイミングを考えればいいのに……そう思うのは筆者だけでしょうか。

もしかしたら、伝える側は変に慣れきってしまっているのかもしれません。あるいは、「お母さん、早く障がいを受け止め、そこからスタートしましょう」というサインを送りたいのかもしれません。しかし、親が最初に接する専門家とのやりとりが、その後の親子関係や子育てにどれだけ大きな影響を及ぼすかということを考えれば、本当はもっともっと慎重になるべきなのではないでしょうか。

筆者のような立場（子どもの発達をサポートするセラピスト）では、多くの障がい児の親と長い期間かかわりをもつことになります。2歳から20歳まで、という長期にわたるケースも少なくありません。その過程で、親の苦悩や頑張り、そして変容を目の当たりにすることがあります。概して、障がい児を育ててきた親は、そのたびごとにいろいろなことを悩んできたぶん、考え方や感情に奥深さがあるように見受けられます。言い換えれば、人間的な魅力にあふれているのです。ある親は、「○○（子どもの名前）がいるから、うちは幸せなのよ」と語ります。それは、家族にとって、障がい児がいることは決して不幸なことではなく、むしろ子ども本人が一生懸命生きる姿や、子どもが育つ過程で得られるさまざまな人間関係から、多くのことを学べる、ということを物語っているのです。筆者は、ほかの障がい児の親たちからも、日々たくさんのことを学んでいて、感謝の気持ちでいっぱいです。

「子どもは誰もが世の中に必要だから生まれてきたのだ」という考え方があります。そう自信をもって言える親を、筆者は何人も見てきました。最初は孤立しがちな障がい児の親も、やがて心から語り合える仲間ができ、長い子育ての期間を経て、ついにはこのようなことばを語るようになるのでしょう。そのためにも、障がい児の親は、スタート時点で、誰か1人でも、自分の気持ちを受け止めてくれる相手を作っておくことが大切になってきます。それは、同じ障がい児を育てる親同士でも、昔からの友人でも、近所の人でも、あるいは専門家といわれる立場の人でも、誰でもいいのです。そういう存在がいれば、これから出合うかもしれない数多くの理不尽なことに対しても、何とか乗り越えていけるのではないか、そして乗り越えていくうちに、だんだんと、「障がいがあってもなくても、子育てや人生は同じなのだ」と思えるようになる……、筆者はこのことを強く感じています。

そもそも、診断を受けることにはどのような意味があるのでしょうか。

前述のような診断を受け、素直に気持ちを語ってくれた親は、一度は傷ついたものの、何とか立ち直り、その後前向きに子育てをしています。そのように気持ちを切り替えられる人もいますが、診断を受けたことで絶望的になり、子育てを放棄したり、何とか健常児に近づけようと虐待に近いしつけをする親も少なくありません。それは、もしかしたら「診断」＝「一生背負うレッテル」のようなイメージをもってしまうからなのかもしれません。診断時に専門家がおこなうべきことは、早期に診断を受けることに、どのようなメリットがあるのかを、きちんと親に伝えることなのです。

子どもについて何らかの問題が見られる場合、それが早い段階にわかることには、意味があると考えます。その障がいが、今後どのような困難さをもたらす可能性があるのか、それを早くから知っておくことはとても大切なことだからです。もちろん、その見立て（診断）には慎重な検討が必要ですが、その困難さを知り、対応する時期の早い遅いは、子どものその後の成長に大きくかかわってきます。

早期から療育を受けることには、賛否両論あります。しかし、筆者は実体験として次のような例を見てきました。

幼児期に重度の自閉症と診断されたAくんは、5歳になったとき、筆者の教室にきました。初めは発語はなく、椅子に座っていることが難しく、情緒面に波があり、他者の介入を強く拒否し、ものへの興味も弱く、唯一特定のおもちゃだけしか受け入れませんでした。そこで、筆者との関係を徐々に作っていくこと、興味を広げていくこと、情緒の安定を図ることを目標に、週1回の療育を開始しました。

その後、Aくんは小学校の特別支援学級に入学し、現在は5年生になっています。いまでは情緒的に落ち着き、筆者を含め、大人との穏やかなやりとりを楽しめるようになっています。また、ものごとへの興味も広がり、どのような活動にもスムーズに乗れるようになりました。ことばの面でも成長が見られ、2年生で初語、現在は単語や二語文で意思を伝えようとします。

もちろん、この成長には、療育だけでなく、保護者の子育てが大きく影響していると考えられます。療育のあとに毎回保護者と話をし、家庭でできること、どのようにかかわっていけばいいか、などを丁寧に伝えてきました。この家庭はお父さんお母さんがとてもよく理解し、筆者と同じ考えをもって子育てに臨んできました。また、Aくんの担任の先生も、しばしば来室し、Aくんの目標や指導計画、配慮事項について十分に話をすることができ、筆者と担任の先生とで共通理解を図りました。現在のAくんの様子を、保護者はとても喜んでいて、「幼児期に、こうなればいいな（一緒にボール遊びをしたい、ことばでのコミュニケーションをとりたい、など）と思っていたことが次々にかない、本当にうれしい」と言っています。定期的に通っている病院でも、Aくんの初期の頃（乳幼児期）には考えられない発達が見られるといわれているそうです。

このような結果を得ることができた要因として、子どもがもともともっている力を十分に把握し、早い時期から課題を焦点化したことがあげられるでしょう。早期に、適切かつ適量の発達支援をおこなうことは、好奇心旺盛なこの時期の子どもにとって、間違いなくプラスに作用すると考えます。無理がない、自然な形のサポートは、早い時期であればあるほど、有効なのではないでしょうか。多くの子どもたちとかかわってきて、筆者は強くそのことを確信しているのです。

## 1-4 頼れる場・相手を見つける

診断を受け、一度はつらく落ち込む日々を過ごした、ある母親が、「ただ泣いてばかりいたって、子どものためには何一ついいことはない。診断を受けて、気持ちにけじめをつけられたので、これからは迷いなく、子どもにとっていいことをどんどんやっていってあげることができる。とにかく、一緒に楽しく過ごしていけることをいちばんに考えていきたい」と前向きに語ってくれました。

お母さんは、なぜ、このように気持ちを切り替えることができたのでしょうか。

実は、この親子は診断を受ける前から、筆者の教室に通ってきていました。ですから、ある程度の状況はこちらで話して、療育の方向性も伝えていました。そのため、診断にショックは受けたものの、比較的早く前向きに子育てをしていこうと決意できたのかもしれません。

このように、診断を受け、つらい状況にいる場合、信頼できる専門家がいれば、気持ちの立ち直りも早くなり、そのぶん子どもの療育にも早く取りかかれるといえます。

信頼できる専門家とは、子どもの発達や障がいについてよく理解し、それらをわかりやすいことばで語ることができる人です。そして、情緒的に安定していて、相手の話をじっくりと聞き、思考が柔軟で、どんな場面でも臨機応変に対応でき、温かみがあって、基本的に優しく、ときに厳しく、ユーモアを持ち合わせ、子どもに深い愛情を注ぐことができる人です。言い換えれば、専門性と人間性の両面を持ち合わせているということでしょうか。そのような人を見つけるのは簡単ではありませんが、子どもをよく知ってもらい、しかも専門性が高い人と出会うことは、子どもや親のこれからの生き方に大きな影響を及ぼすはずです。

専門家を選ぶ際に気をつけなければならないことがあります。それは、子どもを取り巻く場には、専門家ではなく「専門家風の人」が少なからず存在するということです。例えば、「○○が効果的」と言う人がそれにあたります。まるで健康食品を宣伝しているようなこの言い回しは、明らかに専門性とは反するものです。なぜなら、効果的なことは子どもによって大きく違い、しかも、その成長過程で、有効な課題や方法論はどんどん変わってくるからです。そもそも「最初に活動ありき」というこの発想は、子ども全体にアプローチするということを完全に忘れています。もし、そのような言い方をするとしても、「Aちゃんのいまの時期は、○○や、△△や、□□をバランスよく取り入れていくことが有効です。この部分が育ってきたら、◇◇や、◎◎も取り入れていきましょう」というように、総合的かつ段階的に語る必要があるのです。親は「どの子にも有効な活動というのは基本的に存在しない」ということを頭に入れておかなければならないでしょう。

また、「私にお任せください」「すぐにことばが出るようになるでしょう」「近いうちに落ち着かせてみせます」などと言いきる人も考えものです。子どもを「変えてみせる」ということばの裏には、子どもに対する謙虚さがすっぽりと抜け落ちています。専門家は、子どものことを知れば知るほど、子どもとかかわることの難しさを肌で感じるようになります。そもそも、人とかかわる立場の人は相手に対して謙虚さをもつことが何よりも大切です。ひたすら謙虚さをもって相手を思うことこそが、相手の役に立つ唯一の姿勢なのです。

同様に、専門用語を並べたてて、さも専門家であるかのように話をする人も、本物の専門家とはいえないでしょう。語ることばには、その人の専門性だけでなく、人間性も表れます。どの親にもわかるように、噛み砕いて説明してこそ、真の専門家といえるのではないでしょうか。

さらに、自分に専門性がないにもかかわらず、あたかもあるかのように振る舞い、その場しのぎの対応をする人もいるのです（しかも、このタイプの人がいちばん多く見られます）。このタイプは、本気で子どもと向き合わず、表面的には笑顔で接し、親に対しても理解者のように振る舞いますが、子どもの課題を詳しくとらえていないので、だんだんと、指導や支援、保護者への対応にちぐはぐさが見えてきます。そして、この「見せかけのかかわり」「当たりさわりのない支援」「うまくはぐらかす説明」は子どもにとって大きな損失になりかねません。子どもとかかわるということは、もっとずっしりと重いものなのです。指導者は、とことん悩み抜いて、ときに親と一緒に苦しんだり、行き詰まって必死にもがきながら、やっと子どもとかかわることができるようになる……。そのような重大なことだという意識を強くもたなければなりません。

以上のことから、親は、自分が心から信頼できる本物の専門家をできるだけ早く見つけ出して、その専門家とともに長期にわたって自分の子どもを見守っていく必要があるでしょう。それは、子どもにとっても親にとっても、必要不可欠なことといえます。

子どもの人生にとって、この時期の1日、1カ月、1年はとても貴重な時間です。誤ったかかわり方をされることで無駄な時間を過ごさないよう、専門家選びは慎重にならなければいけません。自分が一緒にいて心地のいい専門家を得ることで、これから続く親としての長い人生を、気持ちがぶれることなく、しっかりと生き抜くことができるのです。

なお、専門家選びの詳細は、143ページからの「5−4　専門家の見極め方」を参照してください。

# 2 幼児期──過ごし方

## 2-1 幼児年齢の親の悩み

乳児期から幼児期になると、子どもはほかの子どもとかかわる機会が増えてきます。まさに「子どもは集団の場で育つ」というわけです。他児とかかわるなかで、親は自分の子どものことをより強く意識するようになります。いままでは何となくほかの子とは違うと思っていた部分を、ことばや対人関係、情緒面など、具体的な部分で細かく比較するようになるのです。つまり、幼児期は、親にとって、乳児期の「障がい受容」に続く2度目の「障がい受容」の時期といってもいいかもしれません。

他児との比較によって、多くの親は焦ったり落ち込んだりすることになります。たいていは他児のいい面ばかりが目について、自分の子どもについては「あれもできない、これもできない」と過小評価するようになります。子育てで他児との「比較」は最もよくないことなのですが、そのわかりきったことがなかなかできないのがこの時期の親の心情といえるでしょう。

落ち込んだり、焦ったりした結果、多くの親は子どもにとってよかれと思うことを、次から次へと取り入れようとします。ドクターショッピングを繰り返していた乳児期と同じように、療育機関や幼児教室、体操教室、音楽教室、デイサービスなど、とにかくいろいろな場を探し歩くことが多くなります。知り合いに聞いたと言っては、ある場に出向き、インターネットで情報を得ては、別の場へと出向きます。そして、新しい場に出合うたびに、これこそが子どもにとっていちばんいいのでは、と希望をもとうとします。

ここで問題になるのは、情報が多すぎると、落ち着いて冷静な気持ちで、それらを精査することができなくなってしまうことです。とにかく、どこかにたどりつこうという「最初に場ありき」では、肝心の子どもがそっちのけになってしまいます。逆に情報がなかなか得られず、何をしていいのか困り果ててしまう親もいます。しかし、この場合も何かが目の前に現れれば安易に飛びついてしまうという点で、情報過多の親と相違ないのかもしれません。

ここで、親がすべきことは、関係する情報を収集し、それらを「子どもにとって何がいちばん大事なのか」という視点で整理し、優先順位が高いものから、具体的に検討していくことです。多くの情報のなかから優先順位をつけることは容易ではありません。そんなときは、すぐに結論を出さずに、いったんそれらの情報を寝かせてみるのも一案です。そうしているうちに、どの場にいれば子どもがいちばん輝いているかということが、少しずつ見えてくるかもしれません。さらには、その場が、いまだけでなく、将来にとっても役立つとわかってくるはずです。

ここで、注意しなければならないことは、子どもを「何とか伸ばしてやろう」などと焦らないことです。遅れがあることを心配する気持ちはよくわかりますが、障がいがあるというだけで、なぜ子どもは特別メニューを用意され、障がいのない子どもよりもつらい時間を過ごさなければならないのでしょうか。冷静になって考えてみてください。

つらいメニューによって何かができるようになっても、それが本当の力であるかどうかは、ずっと先になってみないとわかりません。いまできるようになっても、実は応用がきかないということも数多く見られるのです。目先の「できること」に一喜一憂せず、子育てとはもっと時間がかかる、さまざまなことを自然に身につけていくものだということを十分に理解する必要があります。小さい子どもは、好きな人と楽しい時間を過ごすなかで、本物の力を身につけていくということを、親は常に心に留めておくことが重要なのです。

子育ては、量よりも質が大切です。少しくらい量が足りなくても、その子にぴったり合う場が見つかれば、あるいは質を提供できれば、子どもは十分輝くことができるのです。そして、量的な不足分はあとになって、いくらでも補充できると考えましょう。

## 2-2 幼児期の子育ては親が試される

障がい児を育てている親と接し、筆者が強く感じることは、親の子育てのよしあしがそのまま子どもの育ちにも影響を及ぼすということです。健常児であれば、多少親が不適切なかかわり方をしても、子ども自身がそれを乗り越えていくケースがよく見られます。親が反面教師になって、逆に子どもがしっかりと育つ例も少なくありません。

ところが、障がい児の親子関係に目を向けると、なかなかそうはいきません。端的にいえば、障がい児の場合、親の実力どおりに子どもは育っていくのです。つまり、親を見れば、大体子どもの育ち方がわかります。

親が子どもに対して始終曖昧な態度や表情を見せているケースでは、子どもに不安傾向が強く見られたり、情動をなかなかコントロールできなかったりすることが多いようです。また、親が子どものネガティブな行動（わざと悪いことをする）にばかり反応していると、子どもは注目を引くためにわざと問題行動を起こすようになります。それはつまり、親が反応してくれることを喜ぶという「誤学習」をしているわけです。例えばコップの水をこぼしたときに、親が「何をやっているの。ダメじゃないの」などと強く反応すると、子どもはその反応を楽しみ、わざと何度も水をこぼすようになります。

もちろん、問題行動がすべてなくすべき行動というわけではありませんが、親の不適切な対応によって、問題行動が固着化してしまうという「誤学習」には十分気をつけなければなりません。誤学習によって、子どもは他者や物事にきちんと向き合えなくなってしまいます。その結果、せっかくの成長の芽を摘んでしまうことにもなりかねません。子どもがさまざまな刺激のなかでうまく生活していけるような、子どもに合った環境を、そのつど準備できる親とそうでない親とでは、当然子どもの育ちにも差が生じてくるのです。

このように考えていくと、健常児の親も障がい児の親も、基本的な子育てにはさほど大きな差はないものの、親の不安な気持ちや過剰な反応、不適切な対応が、障がい児の子育てにより影響しやすいことがわかってきます。それは結果的に、障がい児にはより良質な子育てが求められるということを意味しています。

それでは、障がい児の子育てをどのようにおこなっていけばいいのか。実際に「これをやれば子どもがよく育つ」という方法論などあるのでしょうか。答えは、「No」です。もし、子育ての秘策のようなものがあるとすれば、誰もがそれを実践していることでしょう。とはいえ、一般的に子育てに有効だといわれている方法がいくつかあることも事実です。例えば、子どもに対してできるだけ応答的なやりとりをする、あまり手をかけすぎない（子どもができることは子どもにさせていく）などがあげられます。ほかにもいろいろありますが、それらはやみくもにおこなっていればいいわけではないでしょう。どのようなタイプの子どもに、どのタイミングで、どれくらい（量）おこなうのか、という適切な判断と、臨機応変な対応が重要になってくるのです。

1つだけはっきりいえるのは、「何をやるべきか」は子どものタイプによって違ってくるものの、「やってはいけないこと」は、比較的多くの子どもに共通しているということです。そして、多くの賢い親は、「やってはいけないこと」を極力減らす努力をしているのです。よくないことの具体例は、135ページからの「5−3　子どもの育ちをサポートする方法」に詳しく紹介していますので、参考にしてください。

## 2-3 幼児期は主体性を大切にする

多くの家庭や臨床場面を見ながら、どうしても気になることがあります。それは、子育てや療育の場面で、常に大人が子どもをリードしているということです。子どもは何か活動をしているようで、よく見ると大人の指示に従っているだけだとわかります。いきいきと活動することなく、大人の反応を見て、与えられたことを黙々とこなしているという印象を受けます。それでは、自分自身で選択し、物事を解決する機会が少ない環境になってしまいます。

このようなケースでは、「これがいいだろう」という大人（先生や親）の発想の下、子どもは多くの課題に取り組まされることになります。早期療育の重要性を訴えれば訴えるほど、このような大人は子どもに何かをさせるという気持ちが強まってきてしまいます。もちろん、発達促進のために何かをするのは、必要なことかもしれません。しかし、そのもっともらしさが、実は子どもを「本当に育てること」を阻害していることに注意しなければなりません。

基本的に、子どもは、自分がやりたいことを思う存分やりながら育っていくものです。それは、決してやらされるのではなく、やりたいことを自分で見つけて、それを生活のなかに取り入れていくことで成立します。いくら大事なことでも、やりたくないことを押し付けられては、やったことが子どものなかに浸透しません。それは明らかに大人の発想なのです。どうしても何かをさせたいのであれば、せめて、いくつかの種類の活動から子ども自身に「やりたい」ことを選ばせるような配慮が必要なのです。それは、まさに主体性を重んじるということです。常に受け身だと、子どもは相手に応じる（従う）習慣を身につけてしまい、それが結局は消極的な生き方に結び付いてしまいます。そして、物事をなかなか決められず、指示がなければ動けない大人になってしまいかねません。

ここで、1つの例として、クラスのなかでみんなでおこなう遊びをどのように決めていくか、について考えてみましょう。やりたい遊びは、基本的に子どもが選ぶべきだと思います。「それでは、いつも同じ活動をおこなうことになってしまう」という意見もあるでしょう。もちろん、子どもの興味を広げるために、なじみのない活動を提供することも大切です。それならば、新しい活動と子どもがリクエストできる活動を組み合わせて提供すればいいのです。そして、新しい活動を大人自身が楽しそうにおこなっている姿を見せれば、子どもも自然に巻き込まれていくことはよくあります。

何かを決めるときに、自分もその一員になっているという意識は、子どもたちの「活動に向かう気持ち」を何倍にも大きくしてくれます。子どもたちは、自分で考え、自分で動くことが、本当に好きです。そして、そのようなプロセスで、子どもはおおいに育っていくのです。

以下に、子どもの主体性にかかわるエピソードを3つ紹介しましょう。

**エピソード1**

**母親が行動の先取りをしてしまうケース**

Nくんのお母さんは、いつもNくんをよく観察し、細かいところにまで気づくことができます。何か失敗をしそうになったときも、失敗をする寸前に、適切かつ絶妙なタイミングで声かけをし、失敗が大きくならないようにサポートをしています。

先日も、Nくんがペンケースから鉛筆を出そうとしたときに、お母さんからの声かけがありました。何度も使ったせいで、芯がよく見えなくなった鉛筆を手に取った瞬間、「それじゃないわよ」「隣の（鉛筆）にしなさい」と早口で言ったのです。それを聞いたNくんは、少し動きを止めてから、おもむろに持っていた鉛筆をペンケースにしまって、芯がとがった鉛筆を出したのでした。このように、お母さんはNくんが失敗をする前に先手を打って、ことが大きくならないよう、解決してしまうのです。

このような親子関係が影響しているためか、Nくんは何か行動を起こす前に必ず、お母さんの顔を見るのです。あるいは、少し困難なことに直面したときには、ことばでお母さんに解決策を聞くこともあります。集団場面で、周りの子が「今日は○○がやりたい」「○○をもう一度歌いたい」などと要求しているときでも、Nくんはみんなの意見を聞いているだけで、自分から提案することはありません。すっかり、指示待ちの状態が身についてしまっているのです。

**エピソード2**

**先生が要求の先取りをしてしまうケース**

Kくん（重度の自閉症児）は音楽が大好きです。歌も楽器も大好きですが、なかでも太鼓が好きで、ドラムのはずむような音が鳴りだすやいなや、自然に身体が動いてしまいます。周りの子も、のりのりのKくんを見ながら、つい一緒に踊りだしてしまうことがよく見られます。Kくんはクラスの音楽場面では、ムードメーカーの役割を果たしてくれているのです。

そんなKくんですが、実際に先生がみんなの前に太鼓を出しても、すぐに叩くことはありません。唯一、自分にだけ差し出されたときは、少し叩くこともありますが、それでも長時間叩き続けることはありません。特に、みんなが一緒に活動をするときは、ほかの子の太鼓の音や先生のピアノ伴奏の音を聴くことに一生懸命で、自分が叩くことを忘れてしまっているかのようです。

あるとき、Kくんのことをよく知らない先生が、すぐにKくんの手を持って、太鼓を叩かせてしまいました。そうすると、Kくんは先生の手をさっと振りほどいて、先生から少し離れた場所で、周りの音や音楽に耳を傾けているのです。一生懸命の先生は、再びKくんを太鼓のところに連れ戻し、同じようなアプローチを繰り返すのでたまったものではありません。それがあまりに続くと、さすがのKくんも、聴くことを諦めてしまい、先生の指示に身を任せてしまうのです。

このエピソードでは、なぜ先生はKくんに「叩く」という完成形を性急に求めてしまったのでしょうか。べつに叩かなくてもかまわない、と考えるのは筆者だけでしょうか。大人は、どうしても叩いているという形（見た目）にこだわり、「叩かない」という表現を見落としてしまうようです。

Kくんのように、差し出された太鼓をすぐに叩かないときには、いくつかの理由が考えられます。例えば、①叩こうという気持ちになれない、②どうやって叩いたらいいのかわからない、③大人が「叩けよ〜叩けよ〜」と、させようとする雰囲気を強く出すため戸惑っている、④Kくんのように、ほかの音を聴いているために動きを止めている、などがあげられます。

特に、④の場合、音を聴きながら、あるいは誰かの活動を見ながら、自分も一緒に叩くことの難しさに、周りの大人が気づく必要があります。「〜しながら…する」ということの難しさは、多くの障がい児が抱えている課題です。Kくんのケースでも、周りの音を聴くために動きを止め、ときに目をつむり、いろいろな刺激を遮断しながら、一生懸命音を聴こうとしているのです。

**エピソード3**

### 適切なサポートをおこなった教師のケース

Tくん（小学校・特別支援学級在籍）はマイペースが強く、少しでも思いどおりにならないと、すぐに騒いだり、教室から出ていくなど、ネガティブな行動をとってしまいます。

その日も、Tくんがあまり得意でない手先を使う活動（折り紙相撲）をおこなっていました。お相撲さんを作るのに苦戦していたTくんは、すでにイライラし始めています。姿勢が崩れて、「もう～」と言ったときに、近くにいた先生がすかさずできあがったお相撲さんを土俵に乗せ、「はっけよい、のこった」と本物の行司さんのような声で土俵を叩きました。すると、ぴょこぴょことはねていたお相撲さんが突然大きく跳び上がって、土俵の外に転がったのです。その様子を見ていたTくんは、一瞬驚きの表情をしたあとに、手を叩いて大きな声で笑い始めました。

先生はTくんの様子を見るやいなや、Tくんが折っていた折り紙の、少し難しい個所をさっと折り、Tくんに向かって「あと3つ折れば完成だよ」と笑顔で話しかけたのです。

それを聞いたTくんは、「そっか、あと3つか」と言いながら、先生の見本をよく見て、最後まで丁寧に折ることができたのです。その後、完成したお相撲さんに「T山」と名前をつけ、先生や友達との対決をおおいに楽しみました。

このエピソードでは、先生はまず、Tくんに折り紙の完成形（お相撲さん）を「土俵を叩いて飛ばす」という魅力的な形で提示するところからアプローチしています。そして、それを見たTくんがやる気を見せたとき、すかさず折り紙を折ることへの抵抗感を減らすために、少し難しい個所を、Tくんに気づかれないように折ってあげました。

その結果、活動に見通しをもてるようになったTくんが、俄然やる気を出して、最後まで集中して折ることができたのです。まさに、先生の素早く適切なサポートが、Tくんのやる気を引き出したケースといえるでしょう。

## 2-4 幼児期につけておきたい力と有効な遊び

幼児期は、これから続く長い人生の土台作りの時期にあたります。焦ってあれこれおこなう必要はありませんが、まんべんなくいろいろなことを経験しながら、就学に向けて必要なことに取り組んでいく貴重な時期でもあります。

例えば、筆者が主宰している発達支援教室ビリーブでは、この時期に特に身につけておきたい力として、次の8つの柱を大切にしています。

〈発達促進に必要な8つの柱〉(「発達支援教室ビリーブ」編)
①身体を意識する力
②目と身体を使う力
③耳と身体を使う力
④記憶する力
⑤模倣する力
⑥イメージする力
⑦概念形成の力
⑧協調性・社会性の力
(出典：加藤博之『発達の遅れと育ちサポートプログラム――子どもの世界が広がる遊び63』〔「これからの特別支援教育」第1巻〕、明治図書出版、2009年、11―12ページ)

これらの力は、障がいの程度や種類にかかわらず、子どもが育つ土台になると考えられます。そして、8つの柱はそれぞれがおおまかな順序性を保ち、どれか1つが不足しても他の領域に影響を及ぼす可能性があります。8つの柱の育ちにアンバランスさが見られると、あとあと対人関係の難しさや学習意欲のなさ、落ち着きのなさなど、いろいろな形になって表れてきます。

また、年齢が上がるにつれ、特に集団適応の難しさや問題行動など、二次障害につながる恐れもあります。そのため、子どもの得意・不得意に十分な注意を払いながら、どの領域もまんべんなく実践し、バランスよく育てていくことが大切になってきます(図1参照)。

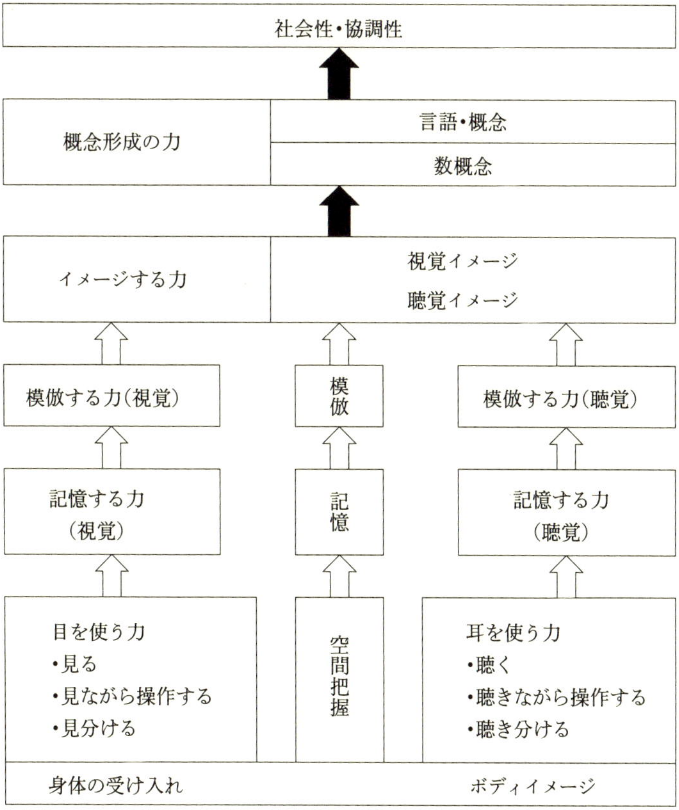


図1　発達ステージ

さて次に、幼児期に獲得したい事柄について、家庭でも実践できる内容を7点紹介しましょう。

### 2-4-1 姿勢を保持する力を育てる

椅子に座っていても、すぐにフラフラと動きだしてしまう子がいます。集中が続かない、身体の機能や体幹が未熟など理由はいろいろ考えられますが、ぜひこの時期に姿勢を保持する力を身につけたいものです。子どもによって座っていられる時間に差があるでしょうから、まずは一人ひとりの子どもに合った座る時間を設定してあげましょう。最初は無理をせず、ごく短時間から始めることが肝心です。座らせるときには、「座ること」が目的ではなく、「座ったあとに〇〇する」ということを目指していく必要があります。座ったら楽しいことが待っているとわかれば、子どもは自然に座れるようになるでしょう。

それと同時に、遊びや日常場面のなかに、姿勢を保つための運動を取り入れていくといいでしょう。具体的には、高這い（お尻を上げて這うこと）で競争したり、大玉ころがし、築山から後ろ向きで降りる、などの、どちらかといえば、日頃はほとんどおこなわない非日常的な粗大運動（大きな動作の運動）をおこないます。

### 2-4-2 情緒を安定させる力を育てる

自分の思いどおりにいかないとき、そのたびにイライラしたり、キレていては、集団生活をスムーズに送ることは難しくなってきます。どのような場面でも、まずは自分の気持ちを安定させることは、対人関係や知的な面の育ちにとって、必要不可欠なことといえます。

情緒を安定させるためには、生活で、動と静のメリハリをつけることが大切です。遊ぶときは遊ぶ、遊び終わったらおもちゃを片づける、テレビを見ながら食事をしないなど、注意の集中の妨げにならないよう、子どもの活動をできるだけシンプルにします。

そもそも幼児期は、2つのことを同時におこなうのが難しく、まずは1つのことに集中する習慣を身につけることが大切になってきます。そして、自分が好きなことを思う存分したり、小さな成功体験を積み重ねることで、満足感や達成感を味わうことがとても大事なのです。

また、パニックを起こしているときには、安全面に十分に気をつけ、とにかく落ち着くまで待ちます。激しい口調でやめさせようとしたり、手を出したりすることは逆効果です。ただし、子どもがいやがらない程度に身体に触れるなどして、安心感を与えていくこともときには必要です（その場合、触れる個所に注意しましょう）。静かに寄り添いながら、子どもが混乱している段階から徐々に落ち着くところまで、できるだけ子どもが自分自身の力で解決できるようサポートしていきたいものです。安易な声かけ（「だいじょうぶ?」「落ち着くんだよ」など）は、子どもが自力で解決することを妨げてしまうこともあるため、十分に気をつけましょう。

### 2-4-3 細かい操作力を育てる

鉛筆やクレヨン、箸の使い方など、細かい操作力が育つ土台として、まずは大きな運動をまんべんなく取り入れることが有効になってきます。思う存分体を動かすなど、いろいろな運動（粗大運動）をおこなうことによって、ボディイメージや細かい操作力（微細運動）が育ってきます。具体的には、公園でいろいろな遊具を使って遊んだり、ボール遊びや鬼ごっこなど、遊びならなんでもいいのです。できれば、日頃おこなわないような動作（非日常的な動作）を多く取り入れるといいでしょう。

粗大運動と並んで、もう1つ大切なことは、人さし指を使う動作をおこなうことです。あまり器用でない子の手の使い方を見ていると、人さし指を上手に使わずに、ほかの指を使って操作をおこなう場面を多く目にします。ビー玉をつまむときに、親指と中指で挟んだり、物を中指ではじいたり、というのがその例です。
また、人さし指を使うことと情緒の安定とは、密接に結び付いているといわれています。そのためにも、日常場面や遊びのなかに、人さし指を積極的に使う機会を設けましょう。例えば、人さし指でおはじきをはじいたり、人さし指と親指で洗濯バサミをつまんだり、こまをつまんで回すこと、などをおこなうといいでしょう。

### 2-4-4 聞く力を育てる

人の話を聞くことは、相手とスムーズなやりとりをおこなったり、集団場面でみんなと一緒に行動するために、とても大切な力になります。特に、大人が話すことばのなかから、必要な情報を選択する力は、この時期、いろいろな場面のなかで身につけていく必要があります。そのためには、まずは子どもがもっているいまの言語理解力を把握し、多すぎず、少なすぎず、適量で、ゆっくり、はっきり、端的に（だらだらしゃべらない）、あまり感情移入をしすぎない形で、ことばがけをおこないます。大人は、子どもに話しかけても反応がないときに、どうしても声を大きくしたり、ことばを増やしてしまう傾向があります。そうではなく、その子に合ったことばがけをおこなっていくことが大切になってきます。

また、日頃から場面に応じて小さい声で話しかけたり、少し間をあけて話すなど、子どもの集中力を高める話しかけを心がけましょう。さらに、メロディーの一部を聴かせて、曲名をあてる遊び（曲あて遊び）などをおこなうと、聴覚記憶や聴き分ける力が育ち、集中して聞くことができるようになるでしょう。

### 2-4-5 話す力を育てる

子どもは、5歳半を過ぎた頃に、自分が経験したことを、ある程度まとまった文章で伝えることができるようになるといわれています。しかし、話しことばには個人差があるため、少し遅れているからといって、叱ったり、焦って言わせる必要はありません。大事なのは、その子のいまの伝え方を尊重することです。たどたどしくても、自分のことばが相手に伝わったという達成感をもたせることが重要です。

また、相手に一方的に話しかけるのではなく、自分が話したら、次は相手に話してもらう、というように、相互的なやりとりをおこなっていくことが大切です。会話では、野球のキャッチボールのように、日頃から交互に話す習慣を身につけるようにしましょう。大人が話しかけても、子どもが答えなかったら、子どもが答えそうなことばを大人が代弁すればいいのです（大人「○○ちゃん、△△食べる?」→子ども「……」→大人「そう、△△食べようね」または「そっか、いらないよね」）。

ほかにも、言い回しや発音が違っていても、そのつど直すということはやめたほうがいいでしょう。「そうだね。○○だね」とさりげなく正解を言い直すのです。大事なのは、会話を途中で途切れさせないことであり、スムーズなやりとりを続けることこそ、話す力をつける有効な方法です。

### 2-4-6 文字の読み書きへの興味を育てる

就学の時期が近づいてくると、どの親も、子どもがどの程度文字の読み書きができるのかということに関心が高まってきます。親や祖父母にとって、文字の読み書きは、ことばと同じくらい強い関心事なのでしょう。しかし、この場面でも焦りは禁物です。幼児期は、あくまでも文字に興味をもたせるという時期であり、もし興味が育ってきたら、さりげなく読み書きができる状況を作っていけばいいのです。

よく、文字・絵つきの積み木で遊ばせたり、50音表を壁に貼ったりするケースが見られます。文字に興味をもたせるという意味ではいいのですが、実際に子どもはそのような方法で文字を獲得していくわけではありません。特に障がい児にとって「い」を

「「いす」のい」と単独で覚えることは、あまりいい勉強方法ではないのです。「い」は「いぬ」「いか」「いし」「いるか」の「い」であって、「いす」の「い」だけではないのです。いったん「いす」で覚えてしまうと、「い」がいろいろな単語に使われることを、子どもは理解しにくくなってしまいます。そのため、この時期はしりとり遊びや「○のつくことば」遊びなどをおこなうといいでしょう。

なお、文字の獲得については、99ページの表1「文字の学習を行う前に育てておきたい力」を参考にしてください。

### 2-4-7 数への興味を育てる

数を学ぶ機会は、日常生活のいたるところにあります。例えば、お父さんとお風呂に入り、「あと20数えたら出ようね。1、2、3……」などと言いながら、子どもは数唱（2歳レベル）を学びます。あるいは、お父さんの肩を叩きながら「1、2、3……」と数えれば、さらに数への概念理解が高まっていきます（4歳レベル）。

ほかにも、家族におやつを配ったり、後片づけのとき同じ皿同士を重ねたりすることで、子どもは将来の算数につながる大切なことを学べるのです（対応、仲間集め）。

また、砂場の砂や、水道の水をコップに入れて流したり、コップからコップに移すことで、数量や空間の基礎を学んでいきます。これらの遊びに加え、いろいろな場面で具体物を用いながら「多い・少ない」「大きい・小さい」「長い・短い」「左右」「上下」「真ん中」などのことばを伝えていくことで、子どもは数概念の基礎を、自然に身につけることができるでしょう。

なお、数の概念の獲得については、100ページの表2「数の学習を行う前に育てておきたい力」を参考にしてください。

## 2-5 幼児期の教育·療育で大切にしたいこと

この時期の教育・療育で特に大切にしたいことは、何かができるようになることだけを目指すのではなく、相手とのやりとりのなかで安心できる関係、すなわち信頼関係を培っていくことです。そのためには、子どもができないことや苦手なことにスポットを当てるのではなく、好きなこと、得意なことに積極的に目を向けていくことが大切です。場合によっては、訓練的なことをおこなうにしても、「させられているんだ」と子どもに悟られないようにしなければなりません。

そして、子どもにかかわる専門家は、次のことを大切にしていきましょう。

### 2-5-1 アセスメントを丁寧におこない、発達を促進させる

一般的に、アセスメントは、「査定」「評価」と訳されることが多いようです。アセスメント（心理教育的アセスメント、発達アセスメント）とは、子どもの学習面、心理・社会面、進路面、健康面などでの問題状況について情報を収集、分析し、意味づけし、そして子どもへの援助的介入に関する意思決定（例：援助計画の立案や修正）をするための資料を作成するプロセスといわれています（「学校心理士」認定運営機構企画・監修、松浦宏／新井邦二郎／市川伸一／杉原一昭／堅田明義／田島信元編集『学校心理士と学校心理学』北大路書房、2004年）。

アセスメントをする際に大事なのは、子どもができないことや苦手なことだけに注目するのではなく、得意な面を含む、あらゆる面を見ることです。アセスメントをおこなった結果は、当然その後の生活や指導にうまく生かしていきます。例えば、○△を描くことが難しいという実態が得られたとき、大人は安易に手を持

って描かせるのではなく、子どもが思わず描きたくなるような気持ちや描くために必要な技術を身につけさせることが大切です。具体的には、自由画に思う存分取り組んだり、折り紙、粘土などの視覚—運動系の活動を十分に取り入れながら、描画の土台になる力を育てていきます。

このように、アセスメントから子どものおこなうべき具体的な課題ができるだけ多く見いだせることが教育・療育にとって大切です。

### 2-5-2 簡単なルールを設定する

園生活のなかなどで、みんなと同じ行動がとれず、1人で外に行ってしまったり、部屋の隅で本を読む、などの行動をとる子がいます。そういった場合、子どもがいつでも自分のペースで振る舞い続けるのではなく、決められたルールのなかで適切な行動がとれるよう、わかりやすいルール設定をおこなっていくことが大切です。

例えば、歌の活動場面で、「歌いたい歌を曲の絵カードで選ぶ」→「カードをボードに貼る」→「前に出て歌う」→「終わったら拍手をする」→「カードを箱のなかに片づける」→「次の子が同じように新しい歌を選択する」などの流れを作ります。あるいは、「紙芝居を1つだけみんなと一緒に見たら、別の部屋で好きな本を読んでもいい」というルール設定も有効です。その際、最初は簡単にこなせるルールから始め、徐々に内容を多くしていくといいでしょう。

### 2-5-3 終わりをわかりやすく設定する

子どもたちは、活動の終わり(終点)がわかれば、見通しをもちやすくなり、安定した気持ちで活動に取り組むことができます。終点理解は、情緒の安定に直結しているのです。そのため、どの活動場面でも、終わり(終点)をわかりやすく設定することが大事です。

具体的には、空間の終点として、「座る」（座って動きが止まることでそれまでの流れが途切れる）、「ジュースをコップに入れる」（全部入れ終わって、終わりを理解する）、「使っていたおもちゃや教材を箱や入れ物に片づける」（散らかっていた場が整理される）などが考えられます。また、時間の終点としては、「何かを発表し終わったときに、みんなで拍手をする」（拍手をしながら、その場にいる人全員が終わりの意識を共有する）、「音楽が終わったあとに、沈黙の間を作る」（沈黙を感じて、はじめてそれまで音楽が流れていたことを意識する）などが考えられます。これらを日常生活のなかに有効に取り入れていくといいでしょう。

### 2-5-4 「待つ時間」を随所に設ける

子どもにとって、待つ経験をすることはとても大きな意味をもちます。「待つ力」が育てば、子どもは自分の気持ちや身体の動きをコントロールしながら、いろいろなものをじっくり見たり、聞いたりできるようになります。それは、情緒面や運動・認知面の育ちに大きな影響を及ぼします。待つ力をつけるには、短い時間（2、3秒）待つことからスタートし、徐々に長くしていきます。待てずについ身体が動いてしまう子どもには、「何かの上に立つ」「バランス遊び」「片足立ち（3秒間）」など、止まっている状態を経験させるといいでしょう。大人の提示場面（物を見せる場面）で待てないときも、徐々に時間を長くしていくようにします。

ある程度待てるようになってきたら、少しだけ焦らすことも有効です。子どもは相手に合わせる力を少しずつつけていくのです。その際、大人は焦らず、子どもの様子をじっくり見ながら待つことを心がけなければなりません。

### 2-5-5 発散する場面と落ち着く時間を設けていく

いろいろな活動をおこなう際、動的活動と静的活動をうまく組み合わせることが大切です。「動的活動」とは、全身を使いアクティブに運動をすることで、アスレチックやボール運動、鬼ごっこなどが考えられます。また、「静的活動」とは、落ち着いた雰囲気のなかでおこなう活動、すなわち歌を聴く、本を読む、などがあげられます。

動的活動ばかりおこなっていれば、発散が多すぎて、子どもを興奮させることになってしまいます。子どもが落ち着かない日は、前半に動的活動を多く取り入れ、子どもを十分に発散させてから、徐々に静的活動へと移行していきます。逆に、子どもがあまり元気ではないときは、静的活動を中心におこない、動きが増えてきた頃を見計らって動的活動を増やしていくといいでしょう。その際も、最後にはまた静的活動を設定し、気持ちをクールダウンさせながら終了することが大切です。

いずれの場合も、その日の子どもの様子（特に情緒面）をよく観察し、動的活動と静的活動をバランスよく組み合わせることが求められます。

### 2-5-6 似た活動を多く提供する

障がい児へのアプローチというと、とかく、同じことを繰り返すことで1つ1つ身についていくと考えられがちです。言うまでもなく、「繰り返し」は子どもの発達にプラスの影響を及ぼします。しかし、だからといっていつも同じ課題ばかりおこなっていては、子どもは飽きてしまいます。それどころか、パターン化されて課題ができるようになるだけで、必ずしも本当の発達促進にはつながらないのです。そこで、同じ活動ばかりではなく、「似ているけど、少し違う」活動を取り入れていく工夫が大切になってきます。

「似た活動」とはどういうものか。子どもは遊びや学習で、1人でおこなうのは難しいものの、大人の援助を受けたり、集団のなかでほかと協力したり模倣することで、できるようになることがしばしばあります。この、子どもがもっている力（A）と、援助などを受けてできるようになった力（B）の間の差を「発達の最近接領域」（レフ・ヴィゴツキーが提唱〔ヴィゴツキー『思考と言語』上巻、柴田義松訳、明治図書出版、1962年、253−291ページ〕）と呼んでいます。すなわち、似た活動とは、「発達の最近接領域」の範囲である、AとBの間にある課題C（B−A＝C）であり、そのなかから選択したものを、まんべんなく提供していけばいいわけです。

例えば、洗濯バサミを紙皿に挟む課題をおこなう際、挟むという操作が難しければ、あらかじめ紙皿に挟んである洗濯バサミを引っ張って取るという活動をするといいでしょう。この少しやさしい活動A（洗濯バサミを紙皿から引っ張って取る）と援助を得てできる活動B（紙皿に洗濯バサミを挟む）の間の活動C（B−A＝C）をおこなうことで、子どもの手の操作性は徐々に高まっていきます。

また、紙皿に挟むことが容易にできるのであれば、紙皿ではなく、「厚紙やボール紙、段ボールなど紙の種類を替えたり、洗濯バサミの種類をより強力なものに替えること」（C）で、活動の幅はどんどん広がってくるでしょう。

### 2-5-7 ゆっくりした動作、柔らかい表現をおこなう機会を設ける

みなさんは、必要以上に大きな声を出したり、歌を怒鳴って歌う子どもを目にしませんか。このような子どもは、一見元気で、何も問題がないように見えます。しかし、丁寧に観察していくと、ただ元気ではすまされないことも考えられるのです。例えば、そのような子どものなかには、遊んだおもちゃを片づけるときに投げ入れたり、打楽器を力いっぱい叩き続ける、などの様子が見られることがあります。また、人とかかわる際に、一方的に話しかけたり、名前を呼ばれたときに大声で返事をしたりすることも見られます。

しかしながら、表現というものは、ただ力強いだけでは不十分であり、柔らかさや繊細さなど、いろいろな強弱のバリエーションをもつことが大切です。特に、人とかかわる際には、「柔らかい表情」「場に応じた声の大きさ」などがとても重要になってきます。

表現の種類を増やすためには、例えばリトミックや身体表現活動で、ゆっくりとした動作をおこなったり、歌や楽器演奏でリラックスした柔らかい表現をしたり、水の入ったコップをこぼさないようにそっとテーブルに置くなど、力の調整が求められる場を随所に設けていくといいでしょう。

### 2-5-8 「だんだん〜する」という感覚を育てる場面を設ける

子どもの育ちにとって「だんだん（徐々に、少しずつ）」という感覚を身につけることはとても大切です。「だんだん」という感覚の育ちが十分でないと、子どもの物事に対する評価が◯か×の両極端になってしまいます。そうなると、情緒が不安定になり、自分の気持ちをうまくコントロールできなかったり、少しの困難でもすぐに諦めてしまう様子が見られるようになってきます。

そのため、幼いころから「だんだん」「少しずつ」「徐々に」につながる活動をおこなっていくことが求められます。例えば、打楽器（太鼓、シンバルなど）をだんだん大きな音（または小さな音）で叩いたり、だんだん速く（または遅く）叩く練習などが有効です。その際、ただことばで「ゆっくり、ゆっくり」「もっとはやく」などと言うのではなく、ピアノで伴奏し、演奏によって「だんだん（速く、遅く、小さく、大きく）」を演出するといいでしょう。

また、「だんだん」を視覚的に見せることも有効です。少しずつ大きくなる円を描いてみせたり、実際に描かせたりします。少しずつ大きさの異なるカップを並べてみてもいいでしょう。

### 2-5-9 やりとりを大切にする

コミュニケーションとは、双方が交互にやりとりをおこなうことを基本としています。例えば、前節の「2－4－6　文字の読み書きへの興味を育てる」で述べたように、ことばのやりとりでは、話す側と聞く側に分かれ、お互いが能動と受動を繰り返します。

コミュニケーション場面で、互いに役割を交代することを「ターン・テイキング（やりとり）」といいます。視線や微笑、発声、動作などを介しておこなわれる社会的相互交渉には、すべてこの「ターン・テイキング」の要素が含まれているのです。

幼児期には、このような相互のやりとりをいろいろな活動のなかに取り入れていくといいでしょう。例えば、電話ごっこ（交代にしゃべる）、楽器遊び（2台の太鼓を2人が交互に叩く）などが有効です（ちなみに、太鼓を使った楽器遊びでは、双方のやりとりの様子を見ることで、どれぐらいのコミュニケーション力が身についているかを把握することができます）。また、お店屋さんごっこ（2つの役がある活動）では、役割交代を練習することもできます。

### 2-5-10 ネガティブな行動に反応しすぎない

大人は、どうしても子どものネガティブな行動にばかり目がいき、つい叱ったり注意したりしてしまいます。しかし、そのような反応は、子どものネガティブな行動を逆に促進してしまうことにもなりかねません。これが、前節2－2「幼児期の子育ては親が試される」で述べた「誤学習」といわれるものです。いったん「誤学習」に陥ると、なかなかそこから抜け出せなくなってしまいます。

子どもは誰でも、注意されたり、指示されたりするよりも、大人にたくさんほめられたいのです。一度、自分が子どもを注意する割合と、ほめたり共感したりする割合のどちらが多いか確認してみてください。もし、叱ってばかりいたとしたら、今日からその割合を逆転させていけばいいのです。ネガティブな行動にはあまり反応せず、ポジティブな行動に「ほめる」という形で積極的に反応することで子どもはのびのび育っていくのです。

### 2-5-11 ことばがけを多くしすぎない

親のなかには、ときどき、洪水のように子どもにことばを浴びせかける人がいます。例えば、靴を履く場面で、「ほらほら、ちゃんと靴を見て。そうじゃない、反対、反対。よく見て。あ、またよそ見してる。かかとが入ってないじゃないの。何やってるの。靴をよく見なさい……」。このようなはたらきかけは、はたして子どもにとってプラスになるのでしょうか。

基本的に、多すぎる情報は、子どもに伝わるどころか逆効果になることが多いようです。とかく言いすぎるときには、情報過多に加えて、大人のイライラ感も増しているからです。情報はできるだけシンプルなほうが、子どもにはわかりやすいのです。前出の場合、「くつ・はいて」と一言わかりやすく声かけをするだけでいいでしょう。少し待って、子どもが履かなかったときは、「くつ」と言って指さしたり、さりげなく子どもの手を靴に持っていったり、途中まで手伝って続きを促します。

「今日は天気がいいから、庭に出て、ジャングルジムで遊ぼう」と言うよりも、「ジャングルジムで遊ぼう」と言うほうが、確実に大人の意図が子どもに伝わりやすいのです。また、ことばの量を減らしながら、見本（サインや動作、絵カードなどの視覚的サポート）を見せることも有効です。ことばをシンプルに、かつ視覚的サポートを加えることが、何をすべきか理解することを容易にしてくれるのです。

### 2-5-12 多少手伝っても、成功して終わらせる

子どものなかには、できないことをすぐに回避しようとする子がいます。本当はちょっと頑張ればできそうなのに、なかなかや

ろうとしなかったり、あっさりと挑戦を諦めてしまうのです。どうしてそうなるのか。実は、それまでの失敗体験の多さと関連しているようなのです。いつも失敗ばかりしていては、当然やる気をなくしてしまいます。

そのため、子どもがもう少しでできそうなときには、多少手伝っても、最終的に成功することを目指す必要があります。結果的に「できた」と思えれば、子どもは少しずつ自信をつけていくことでしょう。そして、本当は手伝ってできたことでも、あたかも本人が独力でおこなったように、おおいにほめてあげるのです。「成功体験→ほめる」を基本に子どもを育てていけば、子どもは少しくらいの困難なら、果敢に立ち向かうようになっていきます。

**エピソード4**

**子どもは自信をつけなければいけない**

ある学校の朝の会で、その日に日直になった不安傾向のある自閉症児のTさんが、もじもじしながらも、一生懸命朝の会の司会をおこなっていました。周りの友達にも助けられて、一日の流れの絵カードを順番に貼っています。そうして朝の会も後半にさしかかり、「今日も一日頑張りましょう」という決まり文句を言おうとしたとき、Tさんは突然、みんなの前で口ごもってしまいました。普段なら、先生のちょっとしたサポートで言えるのですが、この日は、そのような声かけがなかなか耳に入りません。1分ほどたったとき、Tさんの様子を見かねた先生が、こともあろうに、日直をほかの子に代えてしまったのです。代わったBくんは、すぐに最後のことばを大きな声で言い、みんなに拍手をもらって、朝の会は終わりました。

そして、Tさんの連絡帳には、担任の次のような感想が書かれていました。
「朝の会を途中まで頑張ったが、最後は黙り込んでしまった。それで、ほかの子に代わってもらった。残念です」

このエピソードは、一体どのように考えればいいのでしょうか。そもそも担任の先生が、子どもに日直をさせる目的は何なのか。なぜ、途中で他児に交代させたのか。そして、なぜ連絡帳に「残念です」と書いたのか。親は、この経緯をとてもがっかりして受け止めていました。それは当然のことに思います。Tさんのいちばんの課題は、成功体験を積みながら、少しずつ自分に自信をつけていくことにほかなりません。それは、担任の先生も、年度当初の個別の指導計画作成にあたって述べていることです。

どうして、いつもより少し多めのサポートをおこなってでも、Tさんが最後まで日直をやりとげたという形を作らなかったのか。そして、何よりも、子どもができなかったことを親に「残念です」と伝えたら親を傷つけてしまうのではないかという想像力を、担任ははたらかせなければなりません。もちろん、いちばん傷ついたのは、Tさん本人でしょう。代えられた理由がわからなければ、次に日直になるときに、さらに大きなプレッシャーを感じてしまうだろうことは、たやすく想像できます。子どもはみな、日々自信をつけながら育っていくべきなのです。

## 2-6 兄弟姉妹に対する支援

障がい児の兄弟姉妹（以下、兄弟と略記）は、いろいろな意味で複雑な環境にあるといえます。それは、家庭のなかで障がいがある子どもが中心になることが多く、そのことは兄弟にとって知らず知らずのうちに気持ちのうえで負担になっていくのだと思われます。実際に、時間的に親と接する機会が減ってしまったり、「お兄ちゃんだから、しっかりね」と大人の振る舞いを期待されてしまうことも少なくありません。そのため、思い切り甘えるということがなかなかできない環境に育つことになってしまいます。その結果、障がい児の兄弟はややもすると、内省的になったり、反抗的になったり、落ち着きがなくなりやすいという報告も見られます。兄弟は、想像以上に負担を受けてしまうのです。

筆者がかつて小学校で担任した「障がい児の弟のケース」では、弟さんは子どもの頃はずっと「いい子」で過ごし、成人してから、自分を外に向かって表現することが減り、人と交わりがもてなくなったという経緯がありました。そのことと、障がい児の兄弟であることの因果関係は不明ですが、弟さんがあとで語ったことから推察すると、子どもの頃もっと親に甘えたかったという気持ちを強くもっていたことだけは確かなようです。

それでは、親として、兄弟に対し、どのように接すればいいのか。家庭内が、障がいがある子どもを中心に動いていることは、ある程度やむをえないとして、それでもほんの少しでも時間を見つけて、兄弟ととことんかかわることが大切です。親が、自分のこともちゃんと見てくれていると意識することで、兄弟は気持ちの面でおおいに救われるのです。それは、常にかかわるという意味ではなく、ほんの少しの時間でも、場合によっては一声かけるだけでもいいのです。意図的に遊んだり、話を聞いたりするなかで、兄弟は日頃から無意識におこなっている「がまん」を少しだけ癒やすことができるでしょう。

ここで、気をつけなければならないのは、親は、障がい児に対して「かわいそう」「恥ずかしい」などという気持ちをもったり、表したりしてはいけないということです。親が、自分の子ども

（障がい児）にそのような気持ちをもっていることを兄弟が知ったとすれば、それは本当に不幸なことです。「恥ずかしい」も「かわいそう」も、子どもを差別していることになるからです。子どものハンディをサポートしていくことに、卑屈な気持ちになる必要などどうしてあるのでしょうか。

そして、兄弟には兄弟の人生があるということも考えなければなりません。一概にはいえませんが、将来、障がいのある兄弟の面倒を見なければいけないという思いは、心の大きな負担になってしまいます。しかし、これは家族の問題であり、第三者がとやかく言うことではないのでしょうが、兄弟の気持ちを最大限に配慮しながら、家族全員で障がい児の子育てにあたっていく必要があることだけは確かなようです。

うまくいっている家族には、ある共通した特徴が見られます。多くのケースで、家族全体が明るさとユーモアに包まれているのです。どうして、いつも笑っているのだろう……。かえって、周囲の人たちのほうが、多くのエネルギーをもらっているかのようです。楽しいときは家族みんなで笑い、悲しいときは家族みんなで泣く。誰に気がねすることなく、家族みんなが一緒に過ごすことで、感性豊かで温かみがある子育てが可能になってくるのでしょう。そして、このあたりに障がい児の兄弟に対する支援のヒントがあるようです。

## 2-7 親同士の付き合い方

子どもが幼児期になると、乳児期以上に多くの親とかかわりをもつことになります。それは、地域の親の会や通園施設など、障がい児の親同士だったり、幼稚園や保育園、習い事など、健常児の親とのかかわりだったり、とにかく取り巻く世界が大きく広がってきます。
そんななか、子どもを幼稚園や保育園に入園させると、周りの子とはちょっと違うわが子に対し、ほかの親たち（健常児の親たち）はさまざまな反応をしてきます。

「大丈夫よ。ほかの子と全然変わらないじゃない」
「べつに普通じゃない、ちょっと考えすぎよ」
「個性よ、個性、心配ないわよ」
「頑張ってね、頑張れば大丈夫よ」
「知り合いに、発達が遅くても、学校に入って大丈夫だった子がいたわよ」
「こういう子はもっと厳しくしたほうがいいわよ」
「親が甘いからそうなるのよ」

このような反応に対し、多くの親は心痛める時期を過ごすことになります。これらのことばのなかには、障がい児の親が日頃からとことん考え抜いて、何度も反芻しただろう内容があふれ返っています。そして、どの親も毎日必死で頑張っているし、大丈夫だと思いたいし、心配したくないし……。にもかかわらず、世間はたいして深く考えもせずにいろいろなことを言ってくるのです。
しかし、少し見方を変えてみると、いろいろ言ってくる親は、それだけ関心をもっているとも考えられます（無関心な人は何も言いません）。一見辛辣なことばでも、決して悪意から発せられているわけではなく、一生懸命アドバイスをしているのかもしれません。
いろいろなタイプの親に、障がいのことをわかりやすく伝えることは、たやすいことではありません。なかには、なかなか理解してくれない人もいるでしょう。一生懸命伝えれば伝えるほど、誤解されてしまうケースも見られます。それでも、障がい児の親は、機会をとらえて自分の子どものことを伝えていく必要があるのです。なぜなら、よく知らないということは、常に誤解を生む可能性があるからです。知ったことで、よく思われないこともあるでしょう。しかし、そこからスタートさせていかないと何も始まらないのです。

ただし、相手に伝えることは、親がどのような状態であっても、すぐにおこなえばいいというわけではありません。親自身が、まだ障がい受容について気持ちの整理がついていないのであれば、もう少し時期を待つということも大切です。どの時点で、どのように伝えるかは、周りの人に従うのではなく、親自身が決めていけばいいのです。そして、いくら上手に伝えても、偏見や差別意識をもつ人が必ずいるということを覚悟する必要があります。それは、とても残念なことですが、いまの日本の社会の状況では仕方がないのでしょう。肝心なことは、そういうネガティブな発想の親たちよりも、わが子のことをきちんと理解してくれる親のほうが圧倒的に多いということです。私たちは、そのような理解者に向けて、いろいろな情報を発信していけばいいわけです。

子どものことを伝える際、障がいの部分に限定せず、あらゆる角度から語ることが望まれます。どういう遊びが好きか、コミュニケーションはどのようにとればいいのか、怒ったときはどのようにかかわれば落ち着くのか、など、親がもっている知識を総動員して、1つ1つ丁寧に説明すればいいのです。つまり、障がいの特性を強調するのではなく、周囲の人と接点を作るために必要な情報をわかりやすく伝えていくことが大切です。それが、親同士がつながる有効な手立てになるといえるでしょう。

# 3 就学に向けて——学校に入ろう

## 3-1 就学先を選ぶ

子どもやその家族にとって、「学校に入学する」ということは、人生の大きな節目となるイベントの1つです。それまでの生活とは違い、これから何年も続く学校生活の第一歩が始まるのです。ランドセルを背負って、通学班の仲間と一緒に歩く姿を、どの親もわが子の晴れ姿としてイメージすることでしょう。

一般的な小学校（通常学級）への入学とは違い、障がいがある子の場合、タイプによって選択肢が分かれてきます。そして、どの道を選ぶかによって、学校生活やその後の人生が大きく変わってくるのです。

では、子どもたちの就学先をどのように選べばいいのか。端的にいえば、それは保護者自身が決めることです。周りがどのような意見を言おうが、説得をしようが、保護者がこうだと決めれば、そのとおりになるというのがいまのシステムです。それなら、自分で決めてしまえばいいと思いがちですが、事はそう簡単には運びません。なぜなら、子どもにとっていちばんいい就学先は、いろいろな専門家からたくさんの情報を得ながら、とても慎重に決めなければならないからです。大切なことは、周囲のアドバイスを十分に受け入れ、それらをおおいに参考にしながら、最終的には保護者が自分自身の判断で決めていくということなのです。

就学先には、次のような場があります。

①小学校の通常学級
②小学校の特別支援学級
③特別支援学校（小学部）

①の通常学級は、いわゆる「普通学級」と呼ばれる場であり、多くは20～30人の子どもたち（健常児）のなかに入って学ぶことになります。学級担任が1人配置され、支援の必要な児童に対しては、特別に配置された支援員（障がいがある児童生徒に対し、日常生活動作の介助や学習支援などをおこなう）によって、補助的、部分的にサポートを受けられる場合もあります。ただし、自治体によって基準はまちまちであり、必ず受けられるというわけではありません。

授業は、学習指導要領に基づいて展開されます。そのため、学習面はもちろんのこと、基本的な身辺自立や情緒の安定など、集団のなかで過ごすための条件を満たすことが求められます。また、通常学級に在籍しながら通級指導教室に通うことも可能であり、この制度を利用しているケースも少なくありません。通級指導教室とは、言語障がい、情緒障がい、弱視・難聴などの障がいに基づく種々の困難を克服するため、週1時間から3時間程度（8時間以内）、各教科の補充指導を受ける制度です。ただし、自校に通級指導教室がない場合は、他校に通う必要があり、その場合は保護者が送迎をしなければならず、保護者への負担や往復の時間にロスが生じてしまうというデメリットも指摘されています。

②の特別支援学級には、知的障害学級、情緒障害学級などがあります。自治体によって、形態や呼び名が違っていて、文部科学省では、特別支援学級への就学対象となる児童生徒について、以下のように定義づけています。

〔知的障害者〕
知的発達の遅滞があり、他人との意思疎通に軽度の困難があり日常生活を営むのに一部援助が必要で、社会生活への適応が困難である程度のもの
〔情緒障害者〕
一　自閉症又はそれに類するもので、他人との意思疎通及び対人関係の形成が困難である程度のもの
二　主として心理的な要因による選択性かん黙等があるもので、社会生活への適応が困難である程度のもの
（出典：「障害のある児童生徒の就学について（通知）」文部科学省、2002年）

通常学級よりも少人数（定員8人）で授業がおこなわれていて、1人の担任と、場合によっては加配教員や特別支援学級補助員がサポート役としてつくケースがあります。

同様に、③の特別支援学校の就学基準については、特別支援学校が教育の対象とする児童などの障害の程度は、以下のように学校教育法施行令第22条の3に規定されています。

〔知的障害者〕
一　知的発達の遅滞があり、他人との意思疎通が困難で日常生活を営むのに頻繁に援助を必要とする程度のもの
二　知的発達の遅滞の程度が前号に掲げる程度に達しないもののうち、社会生活への適応が著しく困難なもの

特別支援学校は、小学部・中学部・高等部が1カ所に集まっています。小学部では、1クラス（指導学級）5、6人に教員が2、3人という形態が多いようです。また、通常の公立小学校や中学校は市町村立であるのに対し、特別支援学校は都道府県立が主で、一部が市町立になっています。

以前は、養護学校と呼ばれ、盲学校や聾学校などとともに、盲聾養護学校と称されていましたが、現在では視覚、聴覚、知的、肢体、病弱などさまざまな障がいに対応していくために、特別支援学校と総称されています。

なお、就学先については、通常学級に所属していても、就学相談を受けるなかで、年度替わりに特別支援学級など所属を変更することが可能です。実際には、通常学級から特別支援学級や特別支援学校に移るケースが多く、まれに特別支援学級から通常学級に移るケースが見られます。

その際、各学校に配置されている特別支援教育コーディネーター（詳細は110ページ参照）が、保護者の相談に乗ったり、学内や福祉・医療などの関係機関とのパイプ役になり、就学相談を進めていくことが多いようです。

## 3-2 就学相談を考える

### 3-2-1 就学相談とは

就学相談とは、障がいがある子どもすべてに、障がいや発達の状況に応じた適切な教育の機会を保障するためにおこなう相談を意味します。具体的には、就学前から市などの行政機関が相談の機会を設けたり、学齢前健診（就学時健診）の結果に応じて、市などの「就学相談委員会」が保護者とともに子どもの教育の場を考えていくという流れをたどります。ここでは、幼児期から小学校（通常学級、特別支援学級）、または特別支援学校の小学部に入る過程について、考えていきたいと思います。

就学を判断する際に、多くの保護者が悩むのは、自分たちの思いとアドバイスをする側の意見に隔たりがあるということです。就学相談は、本来、就学の場を保護者と行政側の双方で考えていくものです。しかし、実際には行政側から、「このような実態ですから、お子さんには○○学校がふさわしいでしょう」とやや一方的に言われることも少なくありません。それが、就学相談が別名「振り分けの場」といわれるゆえんなのかもしれません。

以下に、ある保護者の感想を記してみましょう。

・就学相談はただの振り分けだった（子どもの様子もきちんと見ていない段階で断定されてしまった）。
・発達検査の結果（点数）だけを知らされ、「だから特別支援学級へ」と一方的に言われた（詳しい内容は全く知らせてもらえなかった）。
・通常学級を希望すると言うと、「本当にそれでいいのですか。何かあっても責任はもてませんよ」と強い調子で言われた（高圧的な態度に戸惑った）。

就学相談は、基本的に担当者側が保護者の気持ちに寄り添いながらおこなわないと、どんなに正しい（と担当者が考えている）提案でも、保護者はすんなりと受け入れることが難しいものなのです。もちろん、建前的には保護者の希望が優先されることになっています。にもかかわらず、いまだ頭ごなしに、いろいろなプレッシャーをかけながら、行政側が就学先を決めてしまうケースが多々見られるのです。

就学を考えるうえで何よりも大切なことは、「どこに行くか」ではなく、その子に「何が必要か」ということです。場（行き先）のことしか考えないのであれば、それはただの「振り分け」にすぎません。子どもをできるだけ丁寧に観察し、発達検査などのテストバッテリーをおこないながら、総合的にアセスメントすることで、その子に必要な教育の中身が浮かび上がってきます。まずは、その点を担当者と保護者が十分に話し合うことが必要なのです。

そして、必要な発達課題を達成するために、通常学級ではどのようなことができるのか、あるいは特別支援学級ではどのようなことができるのか、さらに特別支援学校ではどの程度達成できるのかということを、お互いが十分に話し合い、詰めていくことが大切です。「どこに行くか」ではなく、「どの場なら、どのようなことができるのか」ということを確認したうえで、就学先を判断するのです。

就学相談について、保護者から出される不満の多くは、このようなプロセスを経ないで場の決定だけがなされることによるものと思われます。前述の「少人数で、手厚く」という説明だけで就学先を勧められるのであれば、それは相談という名に値せず、保護者が納得できないのは当然といえるでしょう。

就学相談に臨む際には、できるだけ冷静に、「うちの子にとって、どのような教育が必要か、具体的に教えてください」と問いかけることが大切です。この問いかけをきっかけにして、例えば「通常学級では、このような部分は適しているが、この部分は難しい」というように、できるだけ多く必要な情報を収集しましょう。そのようなやりとりによって、行き先に応じたメリットとデメリットが明確になってきます。それらを十分に考慮しながら、最終的な判断を下せばいいのです。

### 3-2-2 就学はプラス思考で考える

就学を考える際、必ずやるべきことがあります。それは、希望の就学先を最初から「ここにする」と決めつけるのではなく、可能性がある場すべてについて、できるだけ多くの情報を得ることです。その際、多くの保護者は、情報が増えるにつれて、「本当に自分の子どもは～学校でやっていけるのだろうか」「○○ができないから～学校は難しいのではないか」と消極的な考え方に陥ってしまいがちです。しかし、そうではなく、子どもができること、できないことを整理し、できないとすれば具体的にどのようなサポートがあればできるようになるかを考えます。「できない」から諦めてしまうのではなく、「この場面で、このようなサポートがあれば、○○でもやっていける」と前向きに考えていくことが大切になってきます。

そのうえで、「3－2－1　就学相談とは」で述べた「子どもにとって、どのような教育が必要か」ということに結び付けていきましょう。就学先を決めるにあたって、最も大切なことは、「子どもがいちばん居心地がいい場を探す」ということです。それは、その子が自己実現できる場、安心して過ごせる場、いきいきと活動できる場を探すということなのです。無理して意にそぐわない場を選択しても、結局は1、2年後に、本当に合った場に移るというケースも少なくないのです。その1、2年間が、あとあとの成長に大きなマイナスになってしまうこともあります。その意味から、「何とかこの場で頑張ってもらい、どうしても難しくなったら○○へ移ればいい」という考えは絶対にお勧めできません。

### 3-2-3 優先順位をつけて取り組んでいく

ある程度、就学についての考え方がまとまってきたら、親として、子どもにどのような力を身につけさせたいのか、そのためにはどの就学先がふさわしいのか……、優先順位をつけてまとめてみましょう。あれもこれもと欲張らず、必要なこと、絶対に譲れないことを明確にし、それが最も実現しやすい場を選択するのです（それが、最終的な就学先になります）。

例えば、対人関係を重視するのか、情緒の安定を大切にするのか、それは、親自身で決めます。なぜなら、親は自分の子どものことをいちばんよく知っているからです。もちろん、いろいろな専門家にアドバイスを受けることも大切です。その際、大事なポイントになってくるのは、子どもの「いま」だけでなく、「将来」を考えるということです。子どもの将来像は、できるだけ早い時期から少しずつ考えていくことが大切です。多くの親は、子どもの将来に向けて最もつけさせたい力として、対人関係やコミュニケーションの力をあげていますが、みなさんはどのようにお考えでしょうか。

大きな柱が決まったら、その達成に最も力を入れてくれそうな場を探します。そのために、「3－2－2　就学はプラス思考で考える」の「情報を得る」ことが役立ってきます。実際に学校現場を見学して、担任に「自分が大切にしていること」を伝えてみるのもいいかもしれません。それに対する担任の考え方を聞かせてもらうことは、就学先を決める大きなヒントになるはずです。

なお、見学に関しては、次項目で詳しく説明したいと思います。

親は幼児期のうちから、自分の子どもにはどのような長所があり、将来どのような力を最も伸ばしたいのかということを常に自問自答しながら、子どもを育てることが求められるのです。

### 3-2-4 担当者とのやりとりを記録する

実際の就学相談では、教育委員会の担当者を中心に、いろいろな話し合いがおこなわれます。その際、まずは、子どもをしっかりと理解してもらうことが重要になります。そのために、保護者は子どもの生育歴から病歴、発達面や日常の様子など、できるだけ細かい説明をおこないます。また、その説明に対し、担当者側から質問がなされ、双方で子どもの実態像を明確にしていくことになります。加えて、担当者側が子どもを観察した結果をもとに、子どもにとってどのような教育が必要なのか、そのためにはどの場で教育を受けるのがいいのか、ということの提案がなされることになります。

では、保護者として、どのような姿勢で就学相談に臨めばいいのでしょうか。相談の場で自分が話す内容を、あらかじめメモ書きしておくといいかもしれません。それによって、ある程度落ち着いて相談に臨むことができるでしょう。

いざ、話し合いの場面では、相手の話をじっくりと聞くことが大切です。もしかしたら、不愉快なことを言われるかもしれません。しかし、その場で感情的になって、勢いで意見を言うことは得策ではありません。あくまで冷静に対応することが大切です。答えにくいことを質問されたときは、できるだけその場で即答しないようにします。いったん家に持ち帰り、いろいろな人に相談しながら考えを詰めていくといいでしょう。

就学相談をよりスムーズに進めるためには、担当者との毎回のやりとりを記録することも絶対に欠かせないことです。相手が何を語ったのか、自分の話に対して相手がどのような対応をしたのか（あるいは対応しなかったのか）など、時系列に沿ってまとめます。それによって、話し合いがどのような着地点を目指し、進んでいるのかが、徐々に明確になってくることでしょう。また、記録は専門家に相談する際にも、やりとりが一目でわかる資料になります。そして、もし相談がこじれたとき、あるいは相手に理不尽な対応をされたときに、子どもや保護者を守る貴重な資料にもなります。

## 3-3 学校を見極める

### 3-3-1 早い段階から見学を始める

子どもの就学先を悩み始めたら、行き先を決める前に、できるだけ早い時期に目当ての学校を見学してみましょう。「百聞は一見にしかず」で、まずは学校に足を運んで、実際の授業風景、担任の先生の人柄や専門性、そしてクラスに在籍する子どもたちの様子の一端を知ることが、就学先の決定に少なからぬ影響をもたらします。

多くの保護者が就学前に学校見学をしていますが、ほとんどが一度だけで終わらせているようです。それでは、その学校や学級の本当の姿は見えてきません。見学は1回でなく、何度も足を運ぶことが大切です。継続して同じ学級を見ていくことで、いろいろなことがわかってきます。例えば、最初に見学した学級で何人かの子どもの様子を覚えておき、2、3カ月後にその子たちがどのような変容を遂げているかを、丹念に観察します。まさに、それこそが教育の成果といえるのではないかと思います。もちろん、すべての部分が見えるわけではありませんが、実際に子どもを育てている親であれば、子どもたちの小さな成長をも見逃さないのではないでしょうか。

見学の回数を重ねていくなかで、子どもの変容だけでなく、先生の人柄や指導法も明らかになってきます。授業はわかりやすいよう工夫されているか、ずっと同じようなことが繰り返されてないか、などを確認することができます。また、ほかの学校や、他種の学校を並行して見ていくことで、目当ての学校のよさや課題が浮き彫りになってきます。親としては、ぜひ早い段階から学校見学をおこなっていきたいものです。

場合によっては、子どもが体験できる場を設けてもらってもいいでしょう。子どもが実際の教育活動を体験し、そのときに見せる表情や態度は、就学先を判断するうえでおおいに役立つはずです。その場合、「体験する」ことと、「入る」ことは、全く別の事柄だと考えましょう。あくまで、就学先を知るための手段として、参観や体験を積極的におこなっていくのです。

せっかく参観をしても、次年度に担任が代わってしまうということはおおいに考えられます。それは仕方がないことでしょう。何より大切なのは、学校現場を生で感じるということです。その学校のもっている独自の雰囲気や引き継がれてきた指導法、在籍している子どもたちの様子は、事前に十分に知ることができるはずです。

### 3-3-2 交流教育にその学校の姿勢が表れる

小学校の特別支援学級には、通常学級との交流を積極的におこなうところとそうでないところが見られます。交流教育とは、特別支援学級や特別支援学校の子どもたちと、小学校・中学校・高等学校などの通常学級の子どもたちが、学校教育の一環として活動を共にすることです。それは、障がい児にとっては、経験を広め、社会性を養い、好ましい人間関係を育てるために、また通常学級の子どもたちにとっては、相手を正しく理解し、他人への思いやりの気持ちを育てるために、いい機会になっています。障害者基本法（第16条第3項）には、「国及び地方公共団体は、障害者である児童及び生徒と障害者でない児童及び生徒との交流及び共同学習を積極的に進めることによつて、その相互理解を促進しなければならない」とあり、交流教育は、すべての子どもたちの将来にとって間違いなく大事なこととされています。

一概に交流といっても、ただおこなえばいいというものではありません。いくら回数が多くても、中身が充実していなければ、おこなう意味は半減してしまいます。質と量の両面を満たす必要があるわけです。
「交流は難しい」と言う教師や学校は、その理由をいろいろ訴えてきますが、そのほとんどは「人手（教員の手）が足りない」「子どもが減ってクラスの活動が成り立たなくなる」「全員が交流学級に行けるわけではないから」など、教師側の事情によるものです。このような理由を受け入れていたら、交流活動自体が成り立たなくなってしまうでしょう。そこを何とか工夫して、努力して、子どもたちのために交流の機会を作っていくのが教師の仕事なのではないでしょうか。
　ときどき、「○○くんは、まだ交流に行けるレベルに達していないから」という理由を掲げる教師がいます。もし、このことばどおりに受け取るとすれば、その子はこれからもずっと交流活動に参加できないかもしれません。この発想こそが、障がい児を健常児に近づけることを正当化している「誤った教育」であり、健常児側に差別意識を植え付ける要因にもなりかねません。特別支援教育とは、障がい児を健常児に近づけることではなく、その子なりに成長することを目指すものであり、その過程で、交流活動がおおいに役立つということを、誰もが認識しなければならないのです。
　なお、交流教育は、多くの特別支援学校でも積極的におこなわれています。そこでは、定期的に近隣の小・中学校などとレクレーション的な活動をともにし、お互いが知り合うことを目指しています。

### 3-3-3 校長先生の心を揺さぶる

　学校側と相談をおこなう際には、できるだけ校長先生を交えて話を進めるといいでしょう。学校というのは、校長の考え次第で、右にも左にも大きく変わります。特別支援教育や就学相談の担当者、教頭や教務主任などといくら話をしても、学校の管理者である校長の心を揺さぶらないことには、よりよい教育環境を作っていくことは難しいでしょう。

校長が、支援を要する子どもたちに興味をもち、何らかの支援があれば自校でもやっていけると判断してくれたら、それは子どもにとっても、保護者にとっても絶好のチャンスです。そして、入学後も具体的な支援をおこなうという形で、学校はどんどん動いていくことでしょう。支援は、何となく漠然としたなかではおこないにくいものです。学校も、校長も、やみくもに子どもを拒否しているのではなく、どうやって子どもを支えていけばいいかという具体策がわからず、戸惑っているだけなのです。その意味で、保護者は、自分の子どものことをわかりやすく説明しなければなりません。思いを感情的、断片的に伝えるのではなく、「うちの子にはこういうところ（長所、短所）があります」「これらの条件が整えば学校生活をスムーズに送れるでしょう」と、的を絞って伝えるのです。親の説明の仕方いかんによって、子どものその後の学校生活は大きく変わってきます。

とはいえ、わかりやすい説明は、誰にでも簡単にできるわけではありません。そこには、専門的な知識もある程度必要になるわけで、保護者が自力でまとめるには限界があると思われます。そのため、まずは就学までの子どもの様子を、発達の項目ごとに分けて書きつづり、それぞれについてどのような課題があるのかを、整理する必要があります。できれば、専門家にアドバイスを受けながら、まとめていければよりよい資料が作成できます。いずれにせよ、親は子どものいま、そして将来に何が必要か、ということを常に考え続けていくことが大切です。なお、発達の具体的な項目については、次項を参考にしてください。

## 3-4 子どもを評価する基準について

就学相談の場では、子どもの実態についていろいろと説明する機会が生じます。生育歴から、日頃の様子まで、細かく聞かれるわけです。その際、より詳しく正確に伝えることが、子どもの適正な就学につながります。

以下に、必要な項目について記しましょう。

〈個人調査書の例〉

◎診断名（検査結果）

◎相談機関（相談内容）

◎服薬（発作、アレルギーの有無）

◎交付手帳の有無（有〔判定　　　　　〕・無）

◎生育歴　※出産から幼児期までの様子

（情緒面、対人関係、運動面、発声・発語、手先の使い方、など）

①出産の状況

②乳児期の様子（1歳半健診の結果）

③幼児期の様子（3歳児健診の結果）

◎現在の様子

①日常生活面の様子〔生活リズム、睡眠、トイレ、食事（好き嫌い）、衣類の着脱、鼻かみ、歯磨き、うがい、手伝い、片づけ、家族とのかかわり、交通ルール〕

②発達面の様子〔情緒面、対人関係、姿勢・運動面、コミュニケーション、発声・発語、ことば、利き手、手指の操作（ボタン・ファスナー・はさみ）、在園・在校の様子〕

③基本的な学習レベル〔マッチング、模倣、絵カード・パズルなど、お絵描き、絵本、文字、数字、読み書き、計算、お金、買い物〕

④好きな遊び（1人のとき、集団のとき）、得意なこと
◎子育てで困っていること
◎学校教育に望むこと
（出典：発達支援教室ビリーブ作成「保護者記入用・個人調査書」）

より詳しい評価基準として、以下のようなものが考えられます。

**個人観察記録（例）**

| Ⅰ．音・音楽への興味・関心 |
| --- |
| 1：音や音楽を受け止められない（音への拒否が見られる） |
| 2：少しは音への興味・関心が見られる |
| 3：音や音楽を受け止めるが集中力が持続しない |
| 4：一人で音や音楽を楽しめる |
| 5：人と一緒に音楽を楽しもうとする |
| **Ⅱ．おもちゃへの興味・関心** |
| 1：おもちゃに興味・関心を示さない |
| 2：人がおもちゃで遊んでいる様子をよく見る |
| 3：渡されれば多少おもちゃに触れたり操作したりする |
| 4：一人でならいろいろな操作を試み、集中することができる |
| 5：おもちゃを目的的に操作することができる |
| 6：相手と一緒におもちゃで遊ぶことができる |
| **Ⅲ．人への興味・関心** |
| 1：母子分離ができていない、部屋に入れない |
| 2：母親を追うが大人とも多少かかわりをもつことができる |
| 3：大人や他児に興味・関心をもつ（ちらちら見る） |
| 4：大人や他児の動作に注目する |
| 5：大人のはたらきかけに応じられる（手をつなげる、など） |
| 6：大人や他児のまねをすることができる |
| 7：大人と物のやりとりができる |

8：大人とバイバイができる

9：人前で自分を発揮することができる（話す、楽器を奏でる、など）

10：他児のはたらきかけに応じることができる

11：他児にはたらきかけることができる

12：集団の中で上手に振る舞うことができる

### Ⅳ．情緒面での様子

1：不安定で泣いたり怒ったりして場になじめない

2：最初は不安定、しばらくして周りをうかがうなどの様子が見られる

3：大体安定している（場面によっては不安定）

4：笑顔が多く見られる

5：声を出して笑う

6：快・不快をわかりやすく表現する

7：安定して活動に参加することができる

8：人と笑顔でかかわるなどの情動表現をおこなうことができる

### Ⅴ．運動機能面での様子

1：姿勢の保持が難しい（グニャグニャしたり腹這いになる）

2：独力で歩行できない

3：一部介助があれば移動や楽器の操作ができる

4：粗大運動はできるが、微細運動は難しい

5：両手の協応や運動調整が難しい

6：運動機能面に問題は見られない

### Ⅵ．身体表現・ボディイメージ面での様子

1：マイペースに体を動かし、情動の発散ができる

2：体を動かしながら音楽との一体感を味わう

3：主に曲が流れている間に体を揺すったりする

4：音楽の終わりに体の動きを止める

5：おもちゃ遊びなどで触覚受容の高まり（身体各部位）が見られる

6：身体への気づき、ボディイメージの高まりが見られる

7：おもちゃや楽器などの道具模倣をおこなう

8：即時的な模倣ができる

9：イメージ的な模倣ができる（動物、乗り物等）

10：手遊び歌を楽しむことができる

### Ⅶ．特徴的な行動

1：固執行動が見られる（全体よりもマークや文字などの細部に注目する）

2：変わった行動や常同行動が見られる（光線に注目、手をひらひらさせる）

3：自傷・他傷行為が見られる

4：多動傾向が見られる

5：不安傾向が見られる（なかなか活動に参加できない）

6：つま先立ち歩きをする（感覚統合障害）

7：なじみのない場所に平気で入っていく

8：よだれやものを噛んだりする

9：ものを口に持っていく

### Ⅷ．コミュニケーション行動

1：名前を呼ばれると反応する（振り向く、視線が合う、動きが止まる、など）

2：大体の言語指示を理解できる

3：視線が合う

4：コミュニケーションに関する意欲が見られる

5：Yes、Noの表現ができる（ことば、身振り）

6：要求表現を身振りや発声・ことばでおこなう

7：気持ちの共有を表情や動作ことばで表現できる（showing）

8：バイバイをすることができる

### Ⅸ．ことばの理解・表現

1：言語理解がなかなかできない

2：身振りを伴った簡単な指示を理解する（靴を履こうね、など）

3：簡単な言語指示に応じて行動する

4：2語文、3語文での話しかけに応じる

5：身近なものの名称を理解している

6：絵描き歌などの登場人物を理解できる

7：日常的なことばを理解し、動作でやりとりできる

8：意味のあることばを言う（テレビを「ビ」、さようならを「なら」など）

9：1語文を言う

10：2語文以上を言う

11：場面にあったことを言う（「おっきいねぇ」「あめがふってきたね」）

12：抑揚をつけて話をする

---

（出典：発達支援教室ビリーブ作成「個人観察記録」）

# 4 学校生活——いよいよ入学

## 4-1 小学校の通常学級に入る

多くの親にとって、わが子を小学校の通常学級に入れたいと思うことは、当たり前なのかもしれません。ほかの子と同じような学校生活を送らせたいという親心は、決して否定されるものではありません。いわゆる発達障がい（LD、ADHD、アスペルガー、高機能自閉症など）の子どもは、就学相談で特に問題を指摘されないケースも少なくありません。また、就学相談の担当者と保護者の相談を経て、「通常学級で大丈夫でしょう」と言われるケースも多く見られます。その結果、通常学級に入ってからいろいろな問題が生じる場合があります。集団が大きく、刺激が多いなかで、子どもたちは混乱し、情緒が不安定になったり、ネガティブな行動を起こしたりしながら、問題児として扱われてしまうのです。

ところで、最近の世界的な流れとして、インテグレーション（統合教育）から一歩進んだインクルージョンの大切さが注目されています。

**インテグレーション**：通常教育と障がい児教育を統合しようとする考え方。統合教育。

**インクルージョン**：包括、包含、一体性などの語意をもち、障がいがあろうとなかろうと、あらゆる子どもが地域の学校に包み込まれ、必要な援助を提供されながら教育を受けること。

インクルージョンは、ただ障がい児と健常児が同じ環境で教育を受けるだけではなく、障がい児に対して必要とされる個別の援助が提供されながら、統合された環境で一緒に教育を受けるということです。そのため、従来よく見られたように、障がい児が「お客さん扱い」されたり、いじめられたりすることはありません。また、インクルージョンでは、「必要な援助」は障がい児だけにおこなわれるのではなく、例えば、親から虐待を受け不安定になっている子どもに対しても適切な援助をおこなっていきます。このように、子どもは誰もが特別なニーズをもっているというインクルージョンの考え方は、特別支援教育の考え方ととても近いものといえるでしょう。

しかしながら現実を見渡してみると、障がい児はたとえ通常学級に在籍していても、ただ同じ空間(教室)にいるというだけで、「お客さん扱い」になっているケースが少なくありません。みんなと同じことができなくても、周囲に迷惑をかけなければ放っておかれてしまうのです。親の「場を共有させたい」(「どうしても通常学級に入れたい」)という気持ちだけでは、たとえ同じ場にいても、障がい児が自己実現をすることは難しいのです。そのため、場を同じにするにしても、一人ひとりの子どもに合った多様なサポートが必要不可欠だということを強く認識する必要があります。

ところで、障がい児が通常学級に入って学ぶ場合、比較的うまくいっているケースとそうでないケースが見られます。どちらかといえば、うまくいかないケースが目立ち、結局は途中から特別支援学級や特別支援学校に移ることになります。うまくいかなくなってから、「やっぱりダメだった」という気持ちでほかの環境に移っても、それはあまりいい結果をもたらしません。「ダメ」と感じるまでに受けた数多くの挫折感や喪失感から立ち直るのは容易なことではないのです。そうならないように、できるだけ早く手を打つ必要があります。

**エピソード5**

**知的障がい児が、通常学級でスムーズに学校生活を送ったケース**

筆者はかつて、通常学級に在籍する知的障がい（中度）の子ども（Aくん）と出会いました。Aくんは、おっとりとした性格で、いつも誰かとかかわりをもとうとしています。やりとりの最中に笑顔を見せることが多く、その様子にほかの子どもたちも自然と気持ちが穏やかになってきます。また、Aくんは頑張り屋さんの面も見せ、図工で作品を仕上げるときなど、最後まで残って自分が納得するものを作っています。教科学習は、ほかの子との学力差が大きいため、週の半分以上に支援員がついて、Aくんに合った課題を個別学習という形でおこなっています。どうしてもわからないときは、友達に教えてもらうこともありました。その際、Aくんは友達の説明にうれしそうに耳を傾けていました。ときどき友達とケンカをすることもありますが、後に尾を引くことは全然なく、ケンカが終わればAくんのほうから明るく声かけをする様子がよく見られました。

そんなAくんを担任はおおらかに受け止め、穏やかに接しながら、必要な援助をタイミングよくおこなっていました。できないことはあまり指摘せず、何かができるとおおげさにほめるようにしたのです。ただし、Aくんがよくないことをしたときは、曖昧にせず、きちんと注意をすることも忘れません。このように、Aくんはクラスのみんなに受け入れられ、保護者たちもAくんをクラスのかけがえのない一員と強く認識していたのです。

エピソードから、Aくんが通常学級で対人関係や社会性を育てるために多くのことを学んでいることがうかがわれます。周囲の子どもたちとも自然にかかわりをもち、担任からも過剰でない援助を受けながら、Aくんは通常学級で過ごすメリットを最大限に生かしている様子が伝わってきます。

このようなケースはまれなのかもしれません。おそらく、担任によほどの力量がないと難しいことなのでしょう。また、Aくんの親が、日頃からAくんのためにいろいろな方面にはたらきかけてきたという努力も見逃すことはできません。障がい児がいるクラスは、ややもすると、周りの子がその子に手を出しすぎて（手伝いすぎて）、それが当たり前の状態になってしまいます。そうなると、子ども同士の関係は、対等ではなくなってしまいます。周囲の子どもはその子を「世話してあげている」と感じるようになり、世話をする側とされる側という不自然な状態が日常化してしまいます。Aくんの場合はそうではなく、友達と対等またはそれに近い形で付き合う関係を保つことができたのです。

その一方で、うまくいかないケースとはどのようなものなのでしょう。それは、Aくんのケースでそろっていた条件から見えてきます。例えば以下のようなことが考えられます。

・ほかの子どもと仲良くなることが難しい（他者と安心してかかわれる要素が少ない）。

・トラブルをよく起こし、相手と仲直りができない（自分の気持ちをうまくコントロールできない）。

・担任が、子どものできないことに敏感に反応する（叱られてばかりいる）。

・担任が、何をやっても叱らない（放っておかれる）。

・ほかの保護者から、困った子として見られる（授業の妨げになっている）。

・学習面で大幅な遅れが見られる（みんなと同じ課題についていけない）。

通常学級の担任は、子どもたち一人ひとりにできるだけ丁寧にかかわっていく必要があります。しかし、20〜30人の子どもに担任1人では、どうしても個々に多くの時間を割くことは難しくなります。また、現実問題として、通常学級の担任が特別支援教育のこと（発達障がいに関する知識など）をよく知らないというケースも多く見られます。実際に、アスペルガーの子どもを見て「この子がわがままなのは親が甘いからだ」と言う教師がいまも少なからずいます。ADHDの子どもが授業中じっとしていられない様子を見て、強い口調で制止し、それでも子どもが座らないと、さらに口うるさくなるということもあります。担任が常にイライラしていれば、当然クラスのほかの子どもたちにもよくない影響を与えてしまうでしょう。あるいは、一部の子どもに対するネガティブな発言やかかわり方が、ほかの子どもたちに「この子はダメな子なんだ」という印象を与えるかもしれません。

小学校のこのような実態をふまえ、親は子どもの就学先を考える必要があります。その際、ヒントになることとして、まずは、自分の子どもが実際に通常学級に入って一日を過ごす様子を時系列に沿ってシミュレーションしてみるといいでしょう。朝登校して、靴を履きかえ教室に入り、朝の会を終えて1時間目の授業に参加し、休み時間を過ごし、給食を食べ掃除をして、帰りの会が終わって下校の途につくまで、どのように過ごすかを考えてみるのです。

よく、通常学級に入れる理由を「地域のみんなと一緒に過ごさせ、社会性を育てる」と述べる保護者がいます。しかし、「社会性」という目標を達成するためには、ただ通常学級（集団）に入れるだけでは不十分です。入学するまでに、学校生活を送るための準備をおこなう必要があるのです。それは、周りの子どもにレベルを合わせるために、ひたすら子どもを引き上げることではありません。一人ひとりの子どもに応じた準備をすればいいのです。前述の「発達の最近接領域」の考えに基づき、いろいろな経験をさせるなかで、身辺自立やコミュニケーション力、そして多少の困難をも乗り越えられる力などを、少しずつ育てていきましょう。

また、なかには世間体や体裁を気にして、通常学級を希望する親もいます。障がい児がいることを恥じるかのような感覚をもち、子どものことを考える前に、何とかこの子を（この事実を）隠したいという気持ちになってしまうようです。本当にそれでいいのでしょうか。子どもには、子どもの人生があるのです。いろいろな気持ちが交錯することは理解できますが、親というものはどのような場合でも、「子どもにとって何がいちばん大切か」という視点に立つことが、何よりも重要なのではないでしょうか。

通常学級に入ったばかりに毎日の授業がわからないことだらけだったら、子どもにとって日常が苦痛の連続になることでしょう。すべてを一緒にやっていけなくても、どこかに自分の居場所を作ることが、通常学級に入る絶対的な条件になるはずです。この部分ならみんなと同じか、それ以上に興味を示すことができるという分野を1つでも作ることができれば、子どもの入学後の学校生活に大きなプラスになることでしょう。

実際には、小学校の通常学級に入ると、入学当初からいろいろな力が求められます。それは、集団行動がとれる力だったり、学習に向かう力だったり、先生の話を聞く力など、幼児期に求められていたものより、一歩進んだものだと考えられます。

学習面でも、次のような内容が求められます。これらの内容をすべて完璧に達成する必要はありませんが、少なくとも、学校生活の大部分で学習活動がおこなわれているということは、心に留めておきましょう。

【1年生の国語学習】

《1学期》

・自分の名前をひらがなで書く

・ひらがなの読み書き

・促音や濁音、半濁音の読み書き

・長音や拗音を含むことばの読み書き

《2—3学期》

・カタカナの読み書き

・漢字の読み書き

【1年生の算数学習】

《1学期》

・一対一対応による数の比較

・10までの数の読み書き

・10までの数の合成と分解

・何番目（順序数）

・10までのひき算

《2学期》

・20までの数の読み書き、数の構成

・丸、三角、四角の形のなぞり

・繰り上がりがある1ケタのたし算

・くり下がりがあるひき算

《3学期》

・100までの数の読み書き

## 4-2 小学校の特別支援学級に入る

特別支援学級（以下、支援学級と略記）とは、どのような場なのでしょうか。初めて子どもを支援学級に送り出す保護者にとって、「わからない」ことは少なからず不安につながるでしょう。もちろん、事前にいろいろな情報を得ても、実際に入ってみなければわからないことはたくさんあります。そのために、ここでは実際に支援学級に在籍している子どもや保護者、そして担任からの生の声をふまえ、具体的に紹介してみましょう。

支援学級は、小学校、中学校、高等学校および中等教育学校に、教育上特別な支援を必要とする児童と生徒のために置かれた学級です（学校教育法第81条にその規定があります）。学校によって学級数や人数に違いがあり、知的クラス（主に知的障がい、ダウン症など）と情緒クラス（主に自閉症など）などを合わせて4、5学級あるところもあれば、1学級（2、3人）だけでこぢんまりとしているところもあります。

よく知られているとおり、支援学級は各学級によって（すなわち担任によって）教育内容や教育レベルに大きな差があります。そこには、臨時採用の先生や経験の浅い先生もいれば、誰もが認める専門家といわれる先生もいます。そのことは、筆者がかつて支援学級の担任をしていた頃（約20年前）といまとで、さほど違いがないのが現状です。おそらく、支援学級の先生たちの入れ替わりがとても激しく、そのため、定着率の低さから、支援学級教員として育てていくシステムがうまく機能していないことが主な原因と思われます。つまり、単に「特別支援学級はどうですか?」と言われても、どの支援学級にいくかで、子どもの将来は大きく変わってくるといえます。経験や知識、技能そして考え方など、先生の数だけいろいろな学級があるといっても過言ではないでしょう。通常学級の担任もいろいろな先生がいますが、それ以上に違いが大きいと考えられます。

また、支援学級に在籍する子どもについても、知的レベルや情緒面、対人関係面、そして社会性などに大きな違いが見られます。特別支援教育への力の入れようや、担任や補助員の人数も、自治体によって差があるのが現状で、典型的な支援学級など存在しない、というのが本当のところなのかもしれません。

ところで、支援学級でうまく育つ子どもとは、一体どのようなタイプなのでしょうか。一概にはいえませんが、大事なポイントとして、以下の5点をあげてみましょう。

①情緒的に安定している。
②他児との関係を好む。
③小集団のなかでリーダーシップをとることができる。
④担任と良好な関係を築くことができる。
⑤丁寧に教えてもらえば学習面で意欲的になることができる。

支援学級では、担任が作成した個別の支援計画に基づいて日々の授業がおこなわれています。具体的には、国語、算数（数学）、体育、音楽、図工などの教科学習、各教科を合わせた総合学習、それと自立活動が時間割を占めています。

自立活動とは、障がいによる学習上また生活上の困難を克服するためにおこなう活動です（①健康の保持、②心理的な安定、③人間関係の形成、④環境の把握、⑤身体の動き、⑥コミュニケーションの6つの柱から成り立っています）。要するに、主に発達のアンバランスさを改善し、いろいろなことにスムーズに取り組めるための潤滑油のような存在とでもいえばいいでしょうか。しかしながら、自立活動を教育課程にきちんと位置づけて取り組んでいるところは必ずしも多くないという実態が見られます。

支援学級は、通常学級とは異なり、一人ひとりの子どもに応じた学習を、個別または小集団でおこなうことを「売り」にしています。実際に、就学相談などで、教育委員会の担当者が口にするのも、「小集団で、個に応じた教育を」ということばです。しかし、実際には支援学級内の個人差（知的レベルの違いや障がい種の違い）が大きく、いくら小集団とはいえ、一緒に教育活動をおこなうことが難しいという面が見られるのです。また、小学校の場合、通常学級の低学年の授業をアレンジして学習指導をおこなっていることが多く、そのため内容に物足りなさを感じている親子もいれば、逆に難しすぎると感じている親子もいます。通常学級よりも人数が少ないといっても、このように学力差が非常に大きいという現実のなかで、教師は日々戸惑い、一斉指導の難しさを感じているのです。

特に、学習内容に難しさを感じている子どもへの対応は、単に学習レベルを下げるだけでは、なかなかうまくいきません。その結果、毎日同じ学習を繰り返すといった、子どもも教師も親も、みんなが面白みを感じないような学習活動になってしまうのです。

ほかには、地域の支援学級同士が集まり、合同学習がおこなわれていて、年間行事として合同の発表会や校外学習、宿泊学習などが位置づけられています。これらの行事は、子ども同士の交流はもちろんのこと、とかく孤立しがちな支援学級の教師や親同士が情報交換をおこなう貴重な場になっています。

支援学級は、地域の学校に存在するということで、地域の人たちとの接点が多く見られます。将来も、自分が育った地域に生きるだろう子どもたちにとって、近隣の人たちに顔や人柄を覚えてもらうのはとても大切なことです。一方、障がいがあるということを周囲に知られたくないと思っている親にとっては、地域で生きることがかえって苦痛になることもあるでしょう。そのため、親のなかには、あまり地域と接点がない特別支援学校に入れるケースが見られます。その意味で、特別支援学校の存在意義には、微妙なところがあるのかもしれません。

では、支援学級の担任をする人にとって必要な資質とはどのようなことでしょうか。理想をいえば、特別支援学校で何年か経験して、その後支援学級に異動するというプロセスを経るのがいいのかもしれません。障がいについて何も知らずに受け持つのはとても難しいことだからです。

初めて支援学級の担任になって大変なことは、いきなり目の前の子どものアセスメント（実態把握）をおこない、信頼関係を作り、適切な学習課題を考え、教材を準備し、日々の授業をおこなっていかなければならないことです。ほかにも、年度当初に個別の支援計画を作成し、その内容を保護者にわかりやすく提示しなければなりません。もちろん、日々の教育実践を保護者や学校全体に説明する責任もあるでしょう。支援学級では、これらのすべてが一教員に任せられているのです。

これだけのことをスムーズにこなせるようになるには、最低でも数年間はかかるのではないでしょうか。特に、子どもたちと適切な関係を作るためには、理論と実践を交えながら、日々学んでいかなければならないのです。

担任になりたての教師（ビギナー）がやりがちなこととして、次のことがあげられます。まず1つは、子どもに対し指示的になってしまうということです。ことばで直接的に指示をするケースが増え、子どもの気持ちを汲み取ったり共感したりという部分がどうしても少なくなってしまいます。実は、この「気持ちを汲み取る」「共感する」ことこそが、特別支援教育に携わる教師にとって最も大切な姿勢といえるのです。

もう1つ、よく見られるケースとして、学習内容をなかなか広げられないということがあげられます。どの子に対しても、小学校の1年生のレベル（またはそれ以下）の内容から、順に課題を提供していくという方法をとってしまうのです。極端にいえば、小学校の低学年の学習内容を、やさしく丁寧に教えることが特別支援教育だ、とでも考えているかのようです。

このスタイルで学習を進めていくと、子どもたちはやがて壁にぶつかります。初めは順調に進んでいるように見えても、ある日突然、子どもは大きくつまずき、そこからなかなか脱却できないようになってしまうのです。その結果、1年生から6年生まで、ほぼ同じような課題を繰り返しおこなうという、信じられない事態が生じるのです。

通常学級の学習内容は、典型的な発達過程をたどるという前提で作られていて、その意味で、障がい児が学ぶには明らかに目が粗すぎる部分が見られます。スモールステップのようで、実は全くそうなっていないのです。その「粗さ」のために、支援学級の子どもはたびたびぶつかる「壁」をなかなか越えることができません。

そのようなとき、ビギナーは、子どもを励まし、繰り返しおこなわせ、頑張らせてしまいます。けれども子どもは変わらない、という負のスパイラルに陥ってしまうのです。

子どもによっては、最初から1年生の学習内容についていけないケースも見られます（むしろこのケースが多いでしょう）。その場合、まだ文字の読み書きができないにもかかわらず、ひたすら文字学習をさせられるという、最もよくない学習方法がとられてしまうのです。筆者は、まだ単語を話し始めたばかりの、文字学習の前段階の子どもに対し、担任が毎日の宿題に「絵日記（絵と作文）」を書かせるというケースを知っています。この子の場合、毎日母親が子どもの手を持って、絵や作文を書かせているそうです。担任はそのような状態を知っているにもかかわらず、「みんなと同じ宿題を」という名目で、絵日記の宿題を出し続けているのです。このような教育は、一体何の意味をもつのでしょうか。

まだ文字を書く前段階の子に、くる日もくる日も文字を書かせることは、失敗体験を増やすだけであり、書字を嫌いにさせることにつながっていくでしょう。そして、勉強すればするほど、勉強が嫌いになるという、この負のスパイラルは、実は多くの障がい児が経験することなのです。言うまでもなく、学習とは、それぞれの子どもに合った課題を提供して、はじめて力をつけていけるものなのです。

なお、書字に関しては、△（三角、5歳レベル）や◇（ひし形、6歳半レベル）の形が書けるようにならないと難しいといわれています（表1参照）。

同様に、数の学習についても、「1、2、3……50」と、どんどん数えられるからといって、本当の意味で数の概念を理解しているわけではありません（50まで数えられる子が「5個ちょうだい」ができないことはよく見られます）。算数でも、いつまでたっても同じような課題を繰り返すことにならないよう、まずは学習の土台作りをしっかりとおこなう必要があるでしょう（100ページの表2「数の学習を行う前に育てておきたい力」参照）。

**表1　文字の学習を行う前に育てておきたい力**

| |
|---|
| 1．目を使っていろいろな線や形を描く力（視覚ー運動統合能力） |
| 〈活動例〉線なぞり、線結び、迷路、自由画、ぬり絵、模写、絵画完成、絵描き歌<br>※ △（5歳）や ◇（6歳半）が描けるようになると、ひらがな練習に入ることができる |
| 2．形をよく見て組み合わせる力（空間・位置把握力） |
| 〈活動例〉○△□のはめ込みパズル、一般的なパズル、ブロックの見本合わせ、形の見本合わせ、積み木の見本合わせ、楽器遊び（トライアングル、音積み木など） |
| 3．手指を使っていろいろな操作をする力（手指の操作性） |
| 〈活動例〉洗濯バサミ、ビー玉入れ・ようじ入れ、粘土遊び、はさみ、ピンセット・スプーン・箸、ひも通し、こままわし、折り紙、シール貼り、鉛筆やクーピーの使い方 |
| 4．記憶する力（視覚記憶・聴覚記憶） |
| 〈活動例〉いろいろな記憶遊び、神経衰弱、音あてクイズ、楽器あて遊び、曲あて遊び |

| |
|---|
| 5．ことばを1文字ずつ分けたり抽出したりする力（音節分解・音韻抽出） |
| 〈活動例〉「グ・リ・コ」と言いながら3歩進む遊び、ことばを言いながらたいこを叩く遊び、音節分解の遊び、しりとり遊び、○のつくことば集め、逆さことば遊び<br>※逆さことば遊び（4歳後半）、しりとり遊び（5歳）は文字学習に入る目安 |
| 6．その他、特に大切な力 |
| ①話しことば（要求、感動、共感のことば）<br>②動作模倣・ダンス・歌・楽器（音楽療法はとても有効）<br>③文字への興味（興味を示したときに、さりげなく読んであげる）<br>④豊かな生活経験（いろいろなものに接する＝名称や機能・特徴に興味を持たせる） |

（出典：前掲『発達の遅れと育ちサポートプログラム』17－18ページから）

**表2　数の学習を行う前に育てておきたい力**

| |
|---|
| 1．数をかぞえる（数唱） |
| 〈活動例〉数唱、数えながら肩を叩く、机や身体を叩きながら数を唱える<br>※1から順に唱える（2歳）、自分で肩を叩きながら数を唱える（4歳） |
| 2．物と物や物と数字を対応させる（計数、対応） |
| 〈活動例〉物と物の対応、物と数字の対応 |
| 3．物の数をかぞえて最後の数が全体を表すことがわかる（概括） |
| 〈活動例〉かぞえた後に「いくつあった」と答える |
| 4．まとまりの中から指定の数を取り出す（抽出） |
| 〈活動例〉「○個の中から□個ちょうだい」で手渡す |
| 5．大きさ・長さ・量の比較をする（未測量） |
| 〈活動例〉具体物や紙に描いた絵や線を比較する<br>※「大・小」「多・少」がわかる（2歳半） |
| 6．仲間集めをする（集合） |
| 〈活動例〉形や色などの仲間集め、用途の仲間集め |

| | |
|---|---|
| 7．だんだん大きく（小さく）がわかる（系列化） | |
| 〈活動例〉○をだんだん大きく描く（またはだんだん小さく描く）<br>※おおよそ描ける（5歳）、完成（7歳） | |
| 8．配置が変わっても数が変わらないことがわかる（保存） | |
| 〈活動例〉積み木をいろいろな間隔で数える | |

（出典：同書18ページから）

このような知識を得ながら、支援学級の担任は一人ひとりの子どもに合った課題を、段階的に提供していくことが大切です。実際には、そのような担任は少数派なのかもしれません。しかし、保護者は嘆いてばかりはいられません。担任に専門性がなければ、できるだけ早く身につけてもらうしかないのです。支援学級の担任にとって、最も重要な資質は、子どもから学ぶという謙虚さです。保護者や同僚、専門家からもどんどん教えてもらえばいいのです。その謙虚な姿勢こそが、本当の専門家となる第一歩です。

この場合、親にできることは、もし担任の力量が不十分であっても、焦らず、ある程度の時間をかけて待つということです。いきなり「こうしてほしい」と要求したり、不適切な部分を責めても、担任は決して育ちません。それどころか、子どもに対して余計に不適切な対応をする可能性だってあるのです。とにかく「親も一緒に考えている」という気持ちを担任に伝え、親同士が協力して担任を育てていくことが大切です。

**エピソード6**

**子どものレベルに合わない課題を出されたケース**

小学校の特別支援学級4年生に所属するAさん。算数のレベルは、1桁の足し算・引き算の文章題がまだあやふやな状況です。ところが、学校では、もうすでに割り算の学習に入ってしまいました。実は、最近までかけ算九九をやっていたのですが、Aさんが何とか九九を暗唱できるようになったら、かけ算の学習は終わりになってしまったのです。下校時に迎えにいったお母さんに、担任はプリントを手渡しながら、「今日もこんなに頑張りましたよ。ほめてあげてくださいね」と言ったそうです。

お母さんは、このことを強く疑問に思いながらも、担任には言えず、筆者に相談してきました。「うちの子は、かけ算九九を言えても、スーパーで買い物はできません。1桁の足し算・引き算も、まだ指を使っています。私は、もっと簡単な課題でいいから、深く理解し、生きていくうえで力になるように指導してほしいのです」。これを聞いた筆者もまさに同感でした。

このケースには、2つの大きな問題が含まれています。

まず第一に、学習面での目の粗さです。算数の計算は、その仕組みを理解し、実践的に使うために学ぶものです。九九が言えても、それを使う力が備わっていなければ意味をなしません。

算数に限らず、学習全般で、障がいがある子どもには、1つの課題を多方向から学ばせ、理解させることが大切です。例えば、1桁の足し算の文章題が1パターンできたら、違う文章を使っておこなってみます。その際、具体物を使い、操作を伴いながらおこなうことで理解を深めることが大事になってきます。また、買い物ごっこをして、覚えた計算が使えるか試してみます。このように、いろいろな方法で学習し、どれもまんべんなく理解できるようになったら、初めて次の課題へと進みます。つまり、1つの課題を、細かく丁寧におこなうことが必要なのです。

第二の問題は、親が担任に意見を言いにくい状況が見られるということです。前述の担任のことばは、まるで「こんなにたくさんのプリントをやらせた私をほめてください」と言っているかのようです。担任に、子どもを理解する力や子どもに合った課題を提供する力がないのであれば、せめて親が何を求めているのかを知ろうとする謙虚さをもってほしいものです。企業経営でも、「クレームのなかにこそ、本当の顧客ニーズがある」といわれるとおり、教師にも、親の話のなかから見えてくることは非常にたくさんあるのです。

そのために、親は担任が話を聞いてくれるよう、発信し続ける必要があるでしょう。

ところで、支援学級は、小学校という地域の学校のなかに属しています。そのメリットを最大限に生かすため、支援学級と通常学級の子どもたちがときに活動をともにし、いろいろな交流をおこなうことは、とても重要な意義をもつと考えられます。障がい児が、支援学級という小集団で過ごすだけではなく、通常学級のダイナミックな環境を経験することは、コミュニケーション力や社会性を育てるために大変意義深いものになってきます。

支援学級で交流教育をスムーズにおこなうために、親の立場でできることがいくつかあります。その1つは、積極的な交流を担任に求めることです。担任のなかには、親の申し出がないと交流をおこなわないという人もいます。本来は、子どもと学校の様子を知り尽くしている担任側からこそ、交流の方法について保護者に提案があるべきでしょう。しかし、必ずしもそうではないという現状が見られるのです。担任から、「まだ難しい」と言われたら、交流活動の意義と今後どのようなプロセスでおこなうつもりなのかをきちんと説明してもらうといいでしょう。その際、前述（「3−3−2　交流教育にその学校の姿勢が表れる」）したように、「このような力がつかなければ交流は難しい」と言う担任がいたなら、その担任は交流活動の意義をよく理解していないと判断できます。

特別支援学校と小・中・高等学校の交流が積極的におこなわれていることを考えれば、交流活動とは障がいがある子どもを通常学級の子どもたちに近づけることが目的でないことは明らかなのです。その部分を強く主張し、大人側の配慮（サポート体制など）によって、交流はいくらでも実現可能だということを、粘り強く説明していってください。

また、前述の内容とは反対のケースで、「どんどん交流に出す」という出しっぱなしの状態もいいとはいえません。「こんなにたくさん交流しているのですよ」と言われても、ただ子どもがその場（通常学級など）にいるだけでは、交流の本当の目的は達成されません。交流は、出す側と受け入れる側の綿密な打ち合わせがあって、はじめて意義あるものになるのです。支援学級の担任は、交流先の担任に、送り出す子どもの様子やかかわり方をできるだけ具体的に示し、どのような活動ならスムーズに参加できるかということを、年間を通して連絡を取り続ける必要があるのです。

実際のところ、交流教育の成否は、支援学級の担任の力量によるところが非常に大きいと思われます。交流先の担任が対象の子どもに興味をもち、温かくかかわってくれるためには、支援学級の担任が日頃から交流先の担任と密接な関係を保っていなければならないのです。例えば、職員室での雑談の最中にも、さりげなく対象になる子どものことに触れるなどして、少しずつ、担任同士が相互理解を図っていくことが大切です。さらに、支援学級の担任は、交流先のクラスの子どもたちともいい関係を築く必要があります。「あの先生は誰?」「しゃべったことがない先生」ではダメなのです。支援学級の担任が、交流先の子どもたちの人気者になれば、交流活動は間違いなくうまくいきます。通常学級の子どもたちは、自分が親近感をもっている教師が大事にしている子ども（すなわち支援学級の子ども）をないがしろにすることは絶対にないのです。

## 4-3 特別支援学校の小学部に入る

特別支援学校（以下、支援学校と略記）とは、一体どのような場なのでしょうか。いろいろな情報から大体のことはわかっていても、実際に見てみると、知らないことが多いということに気づきます。支援学校は、さまざまなタイプの子どもが集まり、しかも教師（大人）がたくさんいるという点で、小・中学校とは大きく印象が異なることでしょう（学校によっては100人以上の教師がいます）。

子どもたちの多くはスクールバスで登校するため、始業時間の前になると何台ものバスが学校内の玄関に並びます。そこには大勢の教師が迎えにきていたり、バスのドアが開くと同時に、子どもたちがどっとあふれ出てきたりと、活気のある光景が繰り広げられます。支援学校は小学部から高等部までが1カ所にあるため、小さい子どもから大人のように大きな体の生徒までいます。小学部では、遊びを中心にした授業がおこなわれ、中学部・高等部になると作業学習や運動などをおこなっている様子が見られます。多くの支援学校では、朝マラソンなどの運動を積極的に取り入れていて、子どもも教師もよく走っている姿を目にします。このように、支援学校では、小学校や中学校とは異なる独自のカリキュラムにのっとって、日々の教育活動がおこなわれているのです。

また、支援学校は、チームティーチング体制が基本になっています。例えば、小学部では、4、5人の子どもに担任が2、3人配置されるというケースがよく見られます。そこでは、日常生活に必要な基本的生活習慣を身につけたり、情緒面、身体面の向上などが主な目標になっていて、そのほか、年齢に応じてコミュニケーション面、学習面などの向上が目標として定められています。そして、これらの目標達成のために、生活や音楽、体育、図工、認知的な学習の時間、自立活動の時間などが設置されています。それぞれの授業の名称は、学校によってさまざまですが、実際におこなわれている授業の中身はどの学校も共通しています。例えば、小学部の低学年では、遊びを通していろいろなことを学ぶ時間が圧倒的に多く、中学部、高等部と進むにつれて、作業学習などの社会に出る準備となる学習の割合が増えてきます。

支援学校にも、経験豊かな先生と、中堅および初任者の先生がいます。前述のとおり、特別支援教育には高い専門性が必要ですから、ビギナーの先生には、日々の実践は少し荷が重いかもしれません。しかし、傾向として、支援学級に比べ、支援学校の教師は専門性を高めようとしている人の割合が高いといえます。それは、学校全体で特別支援教育に取り組んでいて、同じ目標をもった仲間がたくさんいることで、自然と自分を高める機会も増えてくるためと考えられます。

支援学校でも、支援学級と同様に、どの先生が担任になるのかというのは、親にとって大きな関心事になります。ただし、支援学校の場合、担任が複数いることで、そのなかに経験豊富な先生や能力がある先生も含まれていると考えられます。また、子どもと相性のいい先生がいる割合も増えてくるはずです。チームティーチング体制のため、当然教師同士の連携が重要になってきます。連携がうまくとれていないクラスでは、指導の共通性、一貫性に支障が生じ、好ましくない教育環境になってしまうことは言うまでもありません。

このように、支援学校は、恵まれた施設、豊富な教師の人数など、多くの子どもにとって、とても居心地がいい場所なのかもしれません。障がいの重い子どものペースにも合わせ、ゆったりとした時間割が設定されているため、どの子に対しても丁寧なサポートが期待できる環境といえるでしょう。しかし、重い子のペースを重んじるということは、もしかしたら、ほかの子どもにとっては、物足りなさを感じるのかもしれません。

また、支援学校（知的障がい）には自閉症あるいは自閉傾向の子どもが多く在籍していて、それだけ対人関係やコミュニケーションに課題がある子どもが集まっていると考えられます。そのため、子ども同士のかかわりがどうしても希薄になり、ダイナミックな集団活動が成立しにくいという実態が見られることも事実です。さらに、ことばを使う子どもも限られているために、子ども同士の会話は成り立ちにくく、どうしても大人（教師）とのやりとりが増えることになります。基本的に、子どもは子ども同士のコミュニケーションのなかで育つ面が多いということを考えると、支援学校は、通常学級や支援学級などに比べ、その機会が少ないということを、私たちは押さえておかなければならないでしょう。

要するに、支援学校は、子どもにとって恵まれた環境であるとともに、そのことが逆に刺激の乏しさにつながりかねないということです。環境がいくら素晴らしくても、生涯その場で生きていけるわけではありません。卒業後の社会環境を考えれば、過ごしやすさのなかに、何か社会生活につながるような部分（特に、同世代の人たちとの刺激的な交流）や多少の困難を取り入れていくことも必要だと考えられます。大人（教師）が子ども役になるなど、さまざまなコミュニケーション活動を展開してほしいものです。

支援学校で親ができることは何か。支援学校は、小学校などに比べ、広範囲から通学しているために地域とのつながりが弱いという側面があります。また、支援学級ならば、登下校のサポートなどで学校を訪れる機会がありますが、スクールバスによる登下校では、親が学校に足を運ぶ機会がどうしても少なくなってしまいます。そのため、ややもすると支援学校では、いろいろな面で学校任せになってしまう傾向が見られます。

そのような事態を改善するために、親には担任やほかの教師と日常的なやりとりを密におこなっていくことが求められます。例えば、連絡帳などを通じて、子どもの日々の様子を情報交換しあったり、用事で学校に足を運んだ親が、自分の子どもだけではなく、ほかの子の様子もよく見て、その親に伝えるなど、親同士が連携をとりながら、常に学校に対するアンテナを高くしておくことが、大切になってきます。

支援学校ならではのメリットもあります。例えば、担任が代わっても、学部が同じであれば、前担任も日常的にかかわりをもち、強い味方になってくれます。担任が代わるときに、教師間の引き継ぎがおこなわれますが、往々にして教師は、そのような連携があまり得意ではないようです。そうならないためにも、親が教師同士を「つなぐ」役割を果たすことも必要になってきます。機会があるたびに、前年度の授業内容やそのいい部分を、さりげなく新しい担任に伝えていくといいでしょう。

このように、どちらかといえば閉ざされた環境にある支援学校では、例えば忘れ物を届けるなど、あえて用事を作って学校に出向いてください。親が学校に顔を出すことで、担任はいい意味で、緊張感をもって授業に臨むことになります。なかには「いつでもきてください」と言う担任もいますが、そうでない人もいます。そこは、親の熱意で、参観の機会を増やしてもらえるよう、地道なはたらきかけをおこなっていきましょう。

また、親同士が情報交換をおこない、学校に対して共通認識をもつことも大切です。学校教育を親の立場から支えていくわけです。それは、力がない先生を糾弾するためではなく、むしろそのような先生をみんなで支え、育てる「応援団」になるということです。

支援学校は、いまいる人材をいかにして最大限に活用していくかという点で、中小企業の経営に似た部分があります。一人ひとりの教師（社員）がもっている力を存分に発揮するためには、校長（社長）の力量もさることながら、親（顧客）という立場は、ある意味で、とても大きな部分を担うことになるのです。顧客が企業を育てることを考えれば、親が教師や学校を育てていくということは、とても理にかなっています。仕事なのだから、教師は熱心に子どもにかかわって当然だ、と思いたくなりますが、そうではなく、親と教師が一緒に子どもを育てるという姿勢をもつことが、最もいい教育の環境作りにつながっていくのではないでしょうか。

言い方はよくないかもしれませんが、（筆者を含めて）教師は少しおだてるくらいがいちばんやる気を出すものだと思うのです。

## 4-4 入学後の相談体制とは

就学相談を経て、保護者により、いよいよ就学先が決定します。小学校の通常学級や特別支援学級、そして特別支援学校（小学部）のいずれかに在籍し、いざ学校生活がスタートするわけですが、本当にこの就学先でよかったのかどうかは、入学後ある程度の日数を過ごしてからわかってきます。たとえ、比較的うまくいっているようでも、手放しで喜べるというケースはきわめてまれです。多くの子どもにとって、入学後にさまざまな課題が生じてくる可能性があります。就学前に何度も足を運んで見学し、担任の話を聞き、体験を重ねるなどして、適正な場を目指したにもかかわらず、実際に入ってみると発達課題が合わなかったり、担任との関係性が微妙だったり、子ども同士のかかわりに課題が生じるなど、いろいろな食い違いが生じてきます。そして、それはむしろ当たり前のことなのかもしれません。

このようなとき、本来なら、就学相談委員会の担当者（専門委員など）が入学後もアフターケアをおこなうべきなのでしょうが、実際には担当者が現場の教師であることが多く、そのような役割はほとんど機能していないのが現実です。それでは、どうすればいいのか。まずは、親の心構えとして、十分に考えて選択した場であっても、入学後に必ず大なり小なりの問題が生じるのは当たり前だ、と思うところからスタートするということです。ですから、親は入学したあとに担任と連絡を密に取り合い、さまざまな相談をおこなっていく必要があるでしょう。また、日頃から、学習面や日常生活面はもちろんのこと、情緒面や対人面などについて、連絡帳や迎えの際のやりとり、電話連絡などで情報交換をおこなっていきます。

担任との相談だけでは難しいときには、学年主任や管理職（校長や教頭）、特別支援教育コーディネーターをフルに活用する必要があります。特別支援教育コーディネーターとは、特別支援教育を推進する校内のリーダーであり、学校側の窓口の役割を担ったり、関係機関との連絡調整をおこなう役割を果たす担当者です。入学後すぐに連絡をとり、面識をもつといいでしょう。

ほかにも、学校の話し合いには、民間の療育機関の担当者など、地域の関係機関をフルに活用していくことが大切です（実際に、発達支援教室ビリーブの担当者も、地域の学校に呼ばれ、校内の教育相談会にたびたび参加しています）。このような、校内の話し合いの結果が、各教育委員会の就学相談委員会に伝えられ、その後、措置変更を含めた話し合いに発展していきます。ここから、本当の意味でのアフターケアが始まるわけです。就学相談は、アフターケアがあってはじめて、本当の意味での役割を果たすといえるでしょう。

# 5 上手な子どもの育て方

障がい児の教育や療育について、ときどき、その専門性をことさら強く主張する人がいます（筆者もその1人なのかもしれません）。専門家として、それは当然のことなのでしょうが、それも度がすぎると、子どもとの当たり前のかかわりから離れていってしまうことにもなりかねません。知識や経験が自信になり、どんな子どもでも育てられると豪語することがはたしていいことなのか。

教育活動に携わり、いつも不思議に思うことは、専門性が高い人が必ずしもいい教師とはかぎらないということです。実際に、専門家だけが子どもにかかわるよりも、1人の専門家と複数のビギナー教師がかかわったほうが、子どもにとって、実はいい環境だったということを、筆者は何度も経験してきました。

本来、子育てに障がい児も健常児もないのでしょう。大切なのは、障がいの特性やそれに対する方法論をしっかりと押さえながら、実際には「いろいろなかかわり方があっていいのだ」というおおらかな気持ちをもつことなのだと思います。より知識が高い人や、かかわり方が上手な人だけが、子どもにとって圧倒的にプラスになるとはかぎらないのです。

上手な人も、そうでない人もいて、それぞれが影響しあい、子どもといることの幸せをともに感じながら、一人ひとりを大切に育てていくことこそが、本当の意味でいちばんいい教育環境といえるのかもしれません。そのことを心に留めながら、以下の項目を、ご自分の子育ての参考にしていただければと思います。

## 5-1 障がい児を育てるポイント

基本的に、障がい児の子育ても、健常児の子育てもその方法に大きな違いはありません。障がいの特性や子どもの様子に応じて、多少の配慮をおこないながら、何よりも子どもと過ごす時間を日々楽しむということが大切です。その際、以下のポイントを参考に、子育てをおこなっていくといいでしょう。

### 5-1-1 健常児に近づけることを目標にしない

障がい児の子育てでよく見られるのは、何とかしなければという「やる気満々派」と、何をやってもだめという「諦め派」の2つのタイプです。「諦め派」がよくないことは明白ですが、「やる気満々派」も、子どもに必要以上の負担をかける心配があるという点で不適切な面が多いようです。

例えば、親のなかには同年齢の子どもと比較して、劣っている部分を洗い出し、それらを補おうと必死で教え込む人がいます。教えても教えても、なかなか身につかないことにイライラし、それでも諦めずに、熱意をもって教え込もうとするのです。親の熱心さには頭が下がりますが、子どもはたまったものではありません。そのうちに、だんだんと親子の依存関係が強まってしまい、いい意味での程よい距離感が保てなくなってしまうのです。

発達段階を無視した過剰なかかわり方は、すぐにボロが出ます。それどころか、親から常に何かを与えられることで、子どもに受け身の姿勢が定着し、主体性がどんどん奪われてしまいます。ほかの子と比較して、もっと頑張れと言いたくなる気持ちはわかりますが、「それをしない」ということも、立派な子育てなのです。

子どもの教育の基本は、その子に合った課題を、絶妙なタイミングで、必要な量だけ提供するということです。そもそも、障がい児の教育現場には、固定のカリキュラムが存在しません。年間の授業計画や授業内容の作成は、すべて担任に委ねられているのです。つまり、障がい児の教育は、子どもを知ることからスタートし、その子に合った課題を、子どもをいちばんよく知っている担任自身が自分の力で考えていかなければならないのです。

障がい児の療育や教育に携わっていると、典型的な発達をたどる子どもたちの成長ぶりに驚かされてしまいます。彼らは、なぜそのようにスムーズな変容を遂げるのか。例えば、ことばを覚え始めた子が、しばらくして（4、5歳）、突然発することばの数々……。「そういえば、せんせい。このまえ、ここにあった、あのおもちゃはどこなの」などという発言にはただただ驚くばかりです。リンゴ（実物や模型、絵カード）を目の前に置いて「リ・ン・ゴ」と教えることはできても、「そういえば……」「あのおもちゃ……」ということばの使い方を、話の文脈のなかで教えるのはきわめて難しいことなのです。

健常児を見ながら強く感じることは、彼らが自分を取り巻くものや出来事に対し、圧倒的な興味・関心をもっているということです。特に、幼児期に見られる彼らの物事に対する興味はとどまるところを知りません。1つことにじっくりとかかわる姿を見ていると、感動さえ覚えます。そして、もしかしたら、障がい児との違いは、そのあたりにあるのかもしれません。

子どもは、対象物に興味をもってはじめて、それをもっと知りたい、学びたいと思うのです。逆にいえば、対象物にさほど興味をもたない子どもに対し、知識を教え込もうとしても、子どもにストレスを与えるだけでしょう。何も、健常児に近づけようとしなくてもいいのです。そもそも、「近づける」という発想自体、ナンセンスです。親は、子どもの嗜好性をよく知り、そこをスタート地点として、少しずつ興味・関心を広げていけばいいのです。これは、障がいがある子どもに対してこそ、意図的におこなう必要があります。

|エピソード7|

**子どもの特性を、明るく話のネタにする母親**

Mくんは通所施設に通う20歳の重度自閉症の青年です。月に1度、大好きな音楽を思う存分楽しむ時間をもっていて、今日も音楽レクレーションの時間をおおいに楽しんでいます。歌を数曲歌い終わったときに、お母さんがMくんの少し伸びかけてきた髪を後ろから見て、次のようにつぶやきました。

「そうそう、この子はつむじが少し変わった位置にあるのよね」

「ほら見てみて、頭のてっぺんにないでしょう」

「こんなところにあって……もう、それが（障がいの）原因なのかしらね」

「位置が違ったら、普通だったのかしら……」

そう言いながらも、お母さんはMくんのほうをニコニコとうれしそうに眺めています。そして、歌いたい歌を自分でリクエストし（曲のカード選択）、歌の途中や最後の部分を楽しそうに歌っているMくんの姿を見ながら、後方で満面の笑みを浮かべているのです。一方、Mくんのほうも、歌を歌い終わるたびに、満足そうな顔を一瞬、後方のお母さんに向けている様子が見られます。

このことから、私たちは、お母さんが、障がいがあるMくんとの生活を、余裕をもって受け入れていることを知ります。ここに至るまでには、いろいろなことがあったと聞いています。でも、それらすべてひっくるめて、いまのすてきな親子関係があるのだと思っています。

### 5-1-2 みんなにかわいいと思われる子どもを育てる

かつての障がい児教育は、子どもが社会に出てから、最低限これくらいはできたほうがいいだろうという発想の下、学習面や作業面、礼儀などを丹念に教え込んでいました。障がい児教育に携わる人の多くは「のん気、根気、元気」という合言葉を口にし、子どもを励ましながら、時間をかけて育てていったのです。そして、そのような部分は、いまでも学校や教師に見られるところです。

このような子育て法が、本当にいまの社会に合っているといえるのでしょうか。人前できちんと振る舞えることは社会人として大切なことです。しかし、それだけを身につけても、十分とはいえません。

最近になって、障がいに対する概念もずいぶんと変わってきました。これまでの、できないことを一生懸命頑張らせる「努力型」から、できないことは誰かに手伝ってもらえばいいという、いい意味での「依存型」に変わってきているのです。それは、例えば、カレーライスを食べたいと思ったとき、材料を買いに行く相手は買い物上手のAさんと、その材料で調理をする相手は調理上手のBさんと、そして一緒に食べる相手はお話上手のCさんと、といった感じなのです。自分にとって、そのときどきでいちばん都合のいい相手を選択し、一緒に過ごすという時代が、すぐそこに迫ってきているのかもしれません。

新しい時代に備えて、最も大切になることは、相手とうまく付き合う力（コミュニケーション力）にほかなりません。思わず、相手が手伝いたくなるような、そんな人間性を、幼いころからじっくりと磨いていくことが、将来の社会生活におおいに役立つものと考えます。ときどき、テレビの特集などで見かける、社会的自立をしている障がい者の多くは、相手とスムーズにやりとりをする力を身につけています。彼らは仕事の細かい出来よりも、職場にいて、そこの人たちに、まさに好かれているのです。それは、パターン的な挨拶ができるとか、指示にきちんと従えるとか、計算ができるとかいう、かつての障がい児教育で目標としてきたものとは違い、まさに人柄で勝負しているといえるのです。

人とスムーズにかかわる力は、乳幼児期からたくさんの人にかわいがられ、認められながら、子どものなかで「自己肯定感」とともに確実に育っていくのだと思います。それは、甘やかされるということではなく、絶対的な安心感のなかで、優しさと、ユーモアと、少しの厳しさをうまく取り入れながら、育まれていくものなのでしょう。それこそが、人にかわいがられる子どもを育てる、王道であり、唯一の道なのだと、筆者は考えています。

### 5-1-3 過剰なプレッシャーをかけない

障がい児を幼児期からせっせと訓練し、将来に向けていろいろな力を身につけさせようと躍起になっている親をよく見かけます。なかには、毎日数時間もプログラムに基づいた課題に取り組ませるという、正直なところ、そこまでやる必要があるのかと思われるケースも見られます。それほどではないにしても、障がい児に早期学習（訓練）をおこなうケースは、かなり一般的なことのようです。

多くの時間を割いて早期の訓練をおこなうのは、親が子どもの成長に多大な期待をかけているからだと考えられます。手がかかる子、みんなと同じことができない子、訳のわからない行動をする子に対し、途方に暮れてしまい、藁にもすがる思いで、このような訓練に取り組むのでしょう。そして、筆者のように、多くの障がい児の親とかかわる立場の者には、そのような親の気持ちは痛いほどよくわかります。

しかし、このような頑張りとは別に、訓練をしすぎることの弊害にも、私たちは目を向けていく必要があるようです。どのような課題をおこなうにしても、なぜそれをおこなうのか、という動機づけが大切です。例えば、マラソン大会の前に「今度は、10番以内に入りたい」という気持ちをもって練習をおこなえば、練習の成果は得やすいでしょう。たとえ10番以内に入らなくても、頑張った成果は体力増進や精神力など、いろいろな形で現れるものと思われます。幼い子どもや障がいがある子どもは、そのような動機をもちにくいのですが、最も自然な動機づけは、活動自体が「楽しい」ことでしょう。

とはいえ、実際には理由もわからず、ただ「やらされている」というケースも多く見られます。また、活動自体を楽しむのではなく、やったあとにもらえる「ごほうび」目当てで頑張る子どももいます。そういう訓練を受け続けた子どもは、どうしても相手に対して受け身になったり、問題解決の方法がパターン的になってしまう傾向があります。そこでは、本来、子どもが十分にもっている「やんちゃさ」や「自由さ」が影をひそめ、いわゆる大人にとっての「いい子」になってしまうのです。

障がい児に限らず、どのような子育てでも、早期に、密度濃く訓練をおこなえばいいというものではありません。さしあたって、目に見える効果は出たとしても、のちにそれがかえってマイナスになることだってあるのです。おそらく、子どもは、障がいの有無にかかわらず、居心地がいい場で、信頼できる相手とともに、自分が好きなことを思う存分おこなっていくことが、最も楽しく、なおかつよく育つ条件になるのではないでしょうか。そして、このような状況に近づけば近づくほど、子どもは誰でもいきいきとしてくるのです。

子どもは、訓練をさせられるために生まれてくるのではありません。障がい児だからといって、ほかの子どもよりも余計に訓練をしなければならないという理由はありません。子どもは誰だって、のびのびと過ごしたい、好きなことをたくさんやりたい、そのためにやるべきことを自分で選択したい……と思うのは、当然ではないでしょうか。

私たちは、そのような子どもの気持ちを大切にしながら、子どもが求める楽しい条件をできるだけ多く整える必要があります。

最初に訓練ありき、ではなく、子どもの当たり前の生活のなかに、子どもに負担にならない程度に、訓練的な要素を、あくまでも訓練と気づかれないように取り入れていく配慮があってこそ、子どもを育てていく第一歩になるのだと考えます。

居心地のよさがあれば、子どもは自分の意思を出しやすくなります。そのなかで、大人は子どもが好きそうなことを複数用意し、子どもに選択してもらうのです。そうすることで、子どもは「これは、自分が選んだんだ」という満足感や達成感を得ることができます。そして、やがては選んだことを好きになり、将来の趣味や生きがいにつながっていく可能性もあるのです。

### 5-1-4 自分に自信をもてる子どもを育てる

障がいがある子どもは、その障がいのために、幼いころからいろいろな場面で不利益を被る事態が生じています。簡単なことができなくて注意を受けたり、何度も練習させられたりすることはしょっちゅうです。問題行動を起こしたときなど、強く叱られたり、場合によっては手を出されたりすることもあるでしょう。行動が遅いときには、「ほらほら早くしなさい」「なにしてるの。だめじゃない」などと指示や命令を受けることになります。

ところで、筆者はかつて、ある特別支援学校の先生から、次のような話を聞いたことがあります。障がい児は周囲の人からなかなか自分の気持ちを読み取ってもらえず、自分に全く合っていないことを要求される。そのため、外界へ向かうことや人とのかかわりをみずからやめてしまうことがある。つまり、子どもは、自分の意思表示に応じてもらえなかったり、全くとんちんかんな対応をされるうちに、だんだんと無反応になってしまうというのです。おおげさにいえば、彼らはみずから表現することをやめてしまう、すなわち人間らしく生きることを諦めてしまうのです。大事な子どもを精いっぱい育てている親にとって、これはどんなにつらく悲しいことでしょうか。

このことから、子育ての大きな柱は、子どもに寄り添い、子どもの気持ちや思いを十分に理解し、そのうえで、子どもに合ったことを見いだすことだとわかってきます。自分に合っていることが提供されれば、子どもは誰でもそれに向かい、粘り強く課題を達成することだってできます。そして、自分は「これができたんだ」という自信を得ることができるのです。

ほんの小さなことでも、「できた」と感じることは、生きるうえでとても大きな力になります。たとえ、大人がこっそり手伝ったとしても、できたという結果が大切です。小さな成功体験の積み重ねこそが、子どもがこれから生きていくための大きな自信につながるのです。自分に自信がない子どもが、どうやっていろいろなことに挑戦できるでしょうか。

将来の自立に向けていままさにおこなうべきなのは、ことばがしゃべれる、文字や数字が書けるようになることよりも、まずは自分に自信をつけることです。自信をつけ、安定した毎日を過ごすことで、子どもは何事にもチャレンジしていくことができるのです。自信がつけば、やりたいことをみずから選択し、人を信頼し、甘え、できないことを堂々と助けてもらうようにだってなるのです。

## 5-2 子育てのストレスを軽減させる

子育ては、一生懸命頑張れば頑張ったで、いろいろなストレスがたまってくるものです。そのため、頑張りながらも、オーバーヒートしないよう、うまく自分をコントロールしながら子育てしていくことが大切です。次の11項目を参考にしましょう。

### 5-2-1 何とかなるさという感覚をもつ

子どもの調子がよくないとき、誰もが「なぜ、そうなったんだろう」と理由を考えます。なかには、「やっぱりあれがよくなかったのかしら」「もっとこうすればよかった」などと、少し考えすぎる人もいます。しかし、子どもは、ときに、たいした理由もなく泣いたりぐずったりして、調子を崩すこともあるのです。頭で考えれば考えるほど（問題解決型）、わからなくなってしまうでしょう。

問題解決型の子育ては、うまくいかない理由を必ず「何か（原因）」に求めがちになってしまいます。もちろん、はっきりとした理由が見つかることもあるでしょう。そうであれば、原因を取り除くことで、事態は解決します。しかし、どうしても理由が見つからないことだってあるのです。

そんなときに、私たちは、焦る気持ちを抑えて、ある程度「やむをえない」と思うことが大事です。何とかなる、仕方ないと思いながら、子どもと一緒に「時間を過ごす（＝付き合う）」ことで、いつの間にかもやもやが解決することだってあります。そして、それができるのが、まさに親子関係だと思うのです。

子どもにとって、ぐずることは大事な自己表現の1つです。混乱して、大人が求めることと反対の振る舞いをしてしまうことも、子どもらしさなのだと思います。見た目のマイナス状態に、あまり敏感に反応しないことも、私たち大人にとって必要な態度といえるでしょう。

子どもが不安がっても、親が隣でどっしりと構えていれば、子どもの不安は比較的早く解消されるでしょう。それは、多くの親が経験的に知っていることです。内心では「どうしたの」と不安になっても、それを顔に出さず、いつも同じように、「何とかなるさ」と思うことで、たいていの心配事は解決できるのではないでしょうか。

### 5-2-2 おちゃめさをもつ

専門家のなかで、特に子どもとかかわるのが上手な人をよく観察してみると、彼らが、専門性にプラスして、「おちゃめさ」「子どもっぽさ」を持ち合わせていることがわかってきます。それは、大人対子どもの関係というよりも、まるで子ども同士が一緒に楽しんでいるといった感じでしょうか。

そのような人はいろいろな振る舞い方をします。例えば、子どもの前で、「(わざと) 間違える」。名前を呼ぶときに一部言い間違えたり、歌の伴奏のメロディーが少し違っていたり、歌詞をとちったり……。たわいのない間違いを、子ども自身が明らかに間違いだと気づくようにします。

あるいは、「子どもの予想がつかない行動をとる」。例えば、歌のピアノ伴奏をしながらいびきをかき始めたり、ワークを提出しにきた子の前でおもむろに寝たふりをする。または、活動中に子どもに気づかれないように接近し、かなり近づいて何かをするのかと思いきや、何もしないでもとの場所に戻る。さらに、子どもがおしゃべりをしている最中に、その話題のことばを使って替え歌を作り、歌い始めたり、積み木を耳に当てて「もしもし、はい。あのー」と突然電話をし始める……など。

どれもたわいのない「お遊び」や「おふざけ」ばかりですが、大人がいつもそんな調子だと、子どもたちは自然とその人に注目し、今度はどんなことをしてくれるのか、ドキドキしながら、期待を膨らませることになります。子どもたちは、笑顔で「起きろー」と叫び、「違うー」とおおげさに指摘し、そしてその場は笑いの渦に包まれます。

つまり、子どもはこのような大人のおちゃめさを期待し、笑うという行動によって情動を発散させ、リラックスするようになります。特に、幼稚園や学校ではなかなか自分を発揮できない子どもでも、大人のおちゃめな振る舞いを見ると、一目散に駆けてきて、大きな声ではしゃぐことができるのです。また、子どもによっては、冗談がわからず真に受けるケースがありますが、ちょっとした「おふざけ」を繰り返すうちにみずから冗談を言うようにもなってきます。すると、いろいろな場面で対人面の成長が見られるようになります。

子どもに、いつも指示的、教育的にかかわっていると、子どもの気持ちはだんだんとしぼんでいってしまいます。子どもは、毎日の生活のどこかの場面で、リラックスする必要があります。人生に無駄な部分が必要なように、子育てにも、目的に沿った行動以外の必要な「無駄」があるのです。行き詰まった雰囲気のなかに、ちょっとした冗談やおどけが入ると、その場の空気は一転するはずです。

冗談ばかり言っていると、子どもがふざけてしまい、収拾がつかなくなる、と心配する向きもあるでしょう。親がきちんとしていないと、子どもは秩序を保てなくなると考える生真面目な人も少なくありません。しかし、その心配は無用です。きちんとする部分と、リラックスする部分を、わかりやすく分けることで、子どもはちゃんと秩序を保つことができます。つまり、子どもは大人を一面的に見ているわけではなく、いろいろな面があることを知っていて、場面に応じたかかわり方をすることができるのです。

### 5-2-3 まずは共感する

子育てで、大人がまず最初にしなければならないことは一体何でしょうか。それは、子どもに共感すること、すなわち子どもが何かを達成したとき（あるいは達成しようと努力したとき）、大人がそれを心から喜び、子どもと気持ちを一体化させることです。

かつて、筆者はグループ授業のなかで、次のようなことを経験しました。カズーという楽器をみんなで奏でていたときのことです。カズーは、吹いただけでは音は出ず、声を出さなければなりません。最初は要領がつかめず、苦戦していた子も、徐々に声を出したまま口をカズーに近づけるというように工夫して、音を出せるようになってきました。そのとき、誰かが「1人ずつ音を出して、何て言っているかをあてっこしよう」と提案したのです。

それに応じたみんなは、自分が思ったことばを、カズーを通して一生懸命言おうとしました。
そのとき、ある女の子が、「わたし、みんなが何て言っているのか、全然わからない」と学生スタッフ（ボランティア）に泣きついてきました。すると、学生スタッフは、「そうか。じゃあ、もう一度じっくり聴いてみればきっとわかるよ」と答えたのです。それを聞いた女の子は机に伏して、「だって、わからないんだもん」「むりだよ」と言い、活動に参加しなくなってしまいました。

学生スタッフが言ったことばは、理屈のうえでは間違っていないのかもしれません。しかし、結果的に子どもは活動に向かうことができませんでした。それはどうしてでしょうか。おそらく、女の子は、答えが全然わからなかったわけではないのだと思います。わかるような気がしたものの、いまひとつはっきりとしなかった……。そういう状況を受け入れるために、「わからない」という否定的なことばを言った……。そして、その気持ちを誰かに受け止めてほしかったのです。
その女の子は、日頃から不安傾向が強く、自分が何か少しでもできないと、急に顔が曇って、ふさぎ込んでしまいます。そんなとき、私たちは「頑張れ、頑張れ」ではなく、「そうだよね、そこは難しいよね」と子どもと思いが同じであること（共感）を示すようにしています。
学生スタッフには、日頃から女の子の特性について伝えていたつもりでしたが、とっさの場面で実践することが難しかったようです。ちなみに、その女の子は、しばらくの間伏せていましたが、気をきかせた中堅スタッフが隣で「僕もわからないな」「「ち」がつくような気がするんだけど」などとつぶやいているうちに、「そうじゃないよ」「○○だよ」と、自分から意見を言うようになりました。
音楽療法の考え方に「同質の原理」というものがあります。それは、そのときの気分や精神テンポに合った曲を使用すれば、その音楽を受け入れやすく、結果的に心を安定させることができるという考え方です。つまり、悲しいときには、ゆっくりとした悲しい感じのメロディーが、元気なときには、アップテンポの楽しい曲が合うということです。「同質の原理」は、子どもとのかかわりにも通用すると考えられます。子どもの気持ちに寄り添って共感することは、子育ての中心部分になるといっても過言ではありません。

まずは共感から。私たちは、常にこのことを胸に刻みながら、日々の子育てに向かっていきたいと思うのです。

### 5-2-4 ほめるより、心から喜ぶ

子どもが頑張ったときに、私たち大人は「ほめる」という行為をおこないます。

「すごいじゃん」「やったねー」「頑張ったね」

そうやってほめられることで、子どもは自分がおこなった行動を「快」として印象づけ、それが「次もやるぞー」というモチベーションにつながっていきます。その意味で、子どもは基本的にほめて育てることが大切です。

しかし、ほめると一口にいっても、そんなにやさしいことではありません。なぜなら、ただほめても、子どもにその気持ちが伝わるとはかぎらないからです。しょっちゅうほめていれば、ほめ方が表面的になり、いつの間にか子どもの心を打たなくなってしまいます。

それでは、どうすればいいのでしょうか。まずは、ほめるタイミングを考えます。1つ1つの行動に反応してほめるのではなく、子どもが少し大きな山を越えたときに、ここぞとばかりにほめるのです。それによって、子どものうれしい気持ちは最大限に膨らむと思われます。

そして、ほめるということを型でおこなうのではなく（口先でほめるのではなく）、まるで自分のことのように、おおいに喜ぶようにするのです。「ほめる」と「喜ぶ」は、表面的には似ていても、その内容は全く違います。大人自身が「うれしい」という気持ちを十分もちながらほめたとき、子どもは喜んでいる大人を見ながら、自分自身も自然とうれしい気持ちになってきます。双方のうれしい気持ちは、その場にいる人たちにも伝わり、そこには喜びの輪が生じます。この「喜びの輪」こそ、子どもが育つうえで、大きな意味をもつものです。

筆者が出会った上手な臨床家たちは、子どもが一生懸命頑張ったあとに、満面の笑みを浮かべ、とろけそうな温かい声質で、声かけをおこなっていました。子どもはみな、目の前の、自分が好きな大人に喜んでもらうために、一生懸命生きているのです。

**エピソード8**

**何かをさせることに躍起になってしまう教師**

みんなが大好きなすごろく遊びに、知的障がいがあるMくん（小学3年生）はいつも張り切って参加しています。少しでも大きい数字を出そうと、サイコロを手に取るMくんですが、どうも転がすことが苦手で、いつも親指と人さし指、中指でつかんでは投げるのです。

見かねた先生が、Mくんが持っていたサイコロを手に取り、「こうやって転がすんだよ」と身ぶり手ぶりで教えました。実際に数回サイコロを振ってみせて、その後サイコロを手にしたMくんは、さっきよりはだいぶ上手にサイコロを転がすことができるようになりました。

その様子を見た先生は、すかさず「あっ、6が出た」と言ってコマが進む先の地点を指さしました。

このケースで、先生はとても大切なことを忘れています。確かに、Mくんはサイコロの転がし方が上手にはなりましたが、上手にできたときの先生の対応は、「あっ、6が出た」でよかったのでしょうか。

この場合、先生がしなければならなかったことは、2つあると考えられます。1つは、サイコロの振り方を技術的に教えるということです。Mくんがすぐにできるようになったことから、先生はかなり上手に教えられたといえるでしょう。そして、もう1つは、サイコロが振れるようになったMくんに対して、先生が最大限の喜びを表し、「やった」「うれしい」という気持ちを2人で共有するということです。喜びの共感によって、Mくんは自分に自信をつけ、これから何かに挑戦するときに、気持ちがくじけず、粘り強く向かっていくことができるようになるのです。

臨床家にとって大切なのは、技術的なことを教えつつ、あらゆる場面で子どもの小さな成功を、わがことのように喜ぶことなのです。子どもはまさにほめられて育つのです。

### 5-2-5 ちょっと物足りないくらいにする

人は誰でも、一生懸命取り組めば、やっただけの成果が出ると考えがちです。特に教師や親は、子育てで、生真面目に頑張らせようとする傾向があります。子どもがすでに努力しているのに、つい欲張ってしまい、さらに頑張らせるということがよく見られます。

この一生懸命さは、こと「子育て」に関していえば、必ずしもいいことばかりではないようです。私たち大人は、子どもに何かをさせるとき、「もう少し頑張ってみよう」とか「あと1回だけやってみよう」などと言いがちです。それは、もしかしたら、ほんの軽い気持ちで言うのかもしれません。しかし、子どもからすれば、自分はすでに精いっぱい頑張っているのだから、これ以上何を頑張ればいいのか、というのが本音ではないでしょうか。

頑張るといってもただやみくもに努力すればいいわけではなく、そこには、前述のとおり、動機や目標をもち、計画的に実行していくというスタンスが必要になります。周囲からやらされて頑張ることは、なかなか身につかないことが多いのです。

子どもには、とことん何かをさせるよりも、ある程度おこなったところでいったんやめ、次回に持ち越すというほうが、その活動に対するモチベーションは下がらないようです。ここでやめておけば少し物足りないものの満足感は得られるし、次回も興味津々で活動に向かえる……子どもには、そういう部分があるのです。その意味では、子どものためによかれと思って頑張らせることも、もしかしたら、大人の自己満足に終わる可能性があります。

そのため、何か活動をおこなう際には、「やめどき」に気をつけましょう。物足りないから、次回それが目の前に現れたとき、子どもは目を輝かせて取り組むようになるのです。そういう、目の輝きを何度も繰り返すことで、子どもは確実に成長を遂げるでしょう。

### 5-2-6 その場の「流れ」を大切にする

日常生活であれ、何かの活動場面であれ、どのような場面にも「流れ」あるいは「勢い」というものが存在します。そして、その「流れ」を中断することで、子どもは多くのものを失う場合があります。

例えば、子どもが一生懸命課題に取り組んでいる最中に、本質的ではない、ごく小さな間違いを指摘する人がいます。それは、ことばの言い間違いだったり、手順が多少違っていたり……。要するにたいしたことではありません。しかし、その指摘によって、子どもにとって意味不明の「間《ま》」が生じ、それまでの流れが停滞してしまうことがあります。結果的に、子どもの集中力は途切れ、活動に向かう気持ちは一気にさめてしまいます。せっかく、いい感じの「流れ」があったのに、些細な理由によって、断ち切れになってしまうのです。

それは、親子関係でもよく見られることです。みなさんは、まだ文字を書き始めたばかりの子どもが一生懸命自分の名前を書いている最中に、書き順の間違いを指摘したり、線が一本多いなどと言ってしまうことはないでしょうか。あるいは、覚えたてのことばを間違えて発音したときに、すぐに言い直したりしていないでしょうか。

間違いを指摘するということ自体は否定されることではありませんが、「いつするか」というタイミングの問題はあります。気勢をそがれることで、子どもがそれまでもっていた「学びたい」というエネルギーは、一気に減退してしまうのです。

多少の間違いには目をつぶり、とにかく活動がスムーズに流れているということを大切にしていきたいものです。「流れ」は、子どもの育ちにとってとても重要な部分を占めるのです。

### 5-2-7 2つのことを同時に求めない

文字を書き始めたばかりの子どもは、「書く」という行為が楽しくて仕方ありません。どんどん書いて、自分は書けるんだぞ、と自信を深めていくのでしょう。しかし、このやる気の部分（情動）と、文字の細かい間違いに気づいてみずから修正するという部分（認知）は、実は、頭のなかで全く相反する力になっているのです。「〜したい」という気持ちの部分（右脳）と、正確に書くという認知の部分（左脳）を同時におこなうことは、かなり困難なことといえるでしょう。

そのため、文字に興味を示し始めた子どもには、まず子どもの「書ける」「書きたい」という気持ちをおおいに評価し、多少の間違いは大目に見るという姿勢をもつことが大切です。どんどん書けば、いくら間違えても書く力は確実に向上していきます。十分に書く経験をさせてから、別の機会を設けて、間違い探しや上手に書くスキル（「見分ける力」「視覚ー運動系の力」）を教えていくといいでしょう。

このことは、子どもだけにかぎりません。筆者は、いまこの原稿を近所のカフェで書いていますが、思いついたことを必死で書いていると、ほとんど誰にも読めないような乱暴な文字になってしまいます。これを、もし丁寧に書いたとしたら……。文字は確かに読みやすくなるでしょうが、内容はおそらく貧弱になってしまうだろうと思っています。思いつくということと、上手に書くということは、実は相反する行為なのです。

日頃から、子どもに対し、複数のことを同時に求めないように心がけましょう。書き始めたり、話し始めるだけで、十分ではないでしょうか。そういうおおらかさが、子育てには不可欠な条件となるのです。

### 5-2-8 机上の勉強だけをおこなっても、あまり効果はないと考える

ある程度、学習が可能な子ども（発達年齢が4歳以上）に対し、国語や算数などの教科学習を一生懸命取り組ませる親がよくいます。このような親は、学校に学習中心の生活を求め、家でも机上の勉強を長時間させるようです。そして、このようなケースは、小学校の通常学級や特別支援学級に通っている子どもの親に多く見られます。

親としては、当たり前のことをしている感覚なのでしょう。しかし、この「当たり前」が過剰になると、やがて勉強をさせること自体が目的化してしまうのです。そして、子どもの興味・関心を無視した「強いる学習」がどんどんおこなわれるようになります。

しかし、発達について少しでも勉強した人なら、4、5歳レベルの子どもに教科学習を特訓させても、ほとんど意味をなさないことに気づくはずです。そもそも、4歳児に算数の文章題や2ケタのたし算、ひき算、かけ算などを必死で勉強させたりするもの

でしょうか。それでも、実際にはこのような保護者が多数いることも事実です。その理由として、どんな学習でも、段階的に取り組んでいけば、こなせるという幻想があるのかもしれません。あるいは、ほかの子と比較して、どうしても頑張らせたいという親の心情面も影響しているようです。発達レベルに合わない課題に取り組ませても、子どもはどこかの地点で必ずつまずきを見せるようになります。そして、それを何とか克服しようと躍起になればなるほど、子どもは勉強を嫌いになってしまうでしょう。

こうしたことは、特別支援学級の教師にも少なからず見られる傾向です。ある子どもは、1年生から6年生まで、毎日ほぼ同じ内容の課題に取り組んでいたそうです。繰り上がりがないたし算を、6年間ずっと続けていたのです。発達レベルを無視して、小学校のカリキュラムを単純にたどっていくだけでは、こういうことも生じかねないのです。

本当は、もっとやるべきことがたくさんあるはずです。例えば、4、5歳レベルなら、机に向かうよりもいろいろな実体験を通じて、感動する場面を多く設けていけばいいのです。あるいは、身体を十分に使い、豊富なことばのやりとりをおこなうこともいいでしょう。「なぜ～なの?」と聞くのが難しければ、親が「なぜ?」と聞いて、それに対してみずから「そうか。～だからなんだね」と自問自答すればいいのです。机上の学習は、ある程度の発達レベル（6、7歳）に達してからでも決して遅くはないのです。

### 5-2-9 1人で頑張りすぎない

子育ては、とかく母親の仕事だと思われがちです。しかし、最近は父親がとても協力的になって、いろいろな場に顔を出したり、父子で出かけたりするケースも多く見られるようになりました。時代は変わってきているようです。しかし、いまでも父親の影が全く見えず、何から何まで母親が担っているというケースも少なくありません。

当たり前のことですが、子育てには物理的、精神的に大変な面がたくさんあります。特に障がい児の場合、発達面や医療面、将来の不安などで難しさがあることは、誰もが実感しているところだと思います。にもかかわらず、母親1人に多くを背負わせては、あまりに負担が大きすぎるといえます。

父親にもいろいろなタイプがいます。よく見られるのは、「全面的に協力するわけではないが、できる範囲で協力する」「妻の精神的な支えになる」というタイプです。これは一見もっともらしく聞こえますが、実はたいして母親の負担を軽減できていないようです。「できる範囲で」では不十分であり、「精神的な支え」よりも、「現実的な支え」のほうがはるかに求められているのです。

ところで、専門家は、とかく母子関係の大切さを強く主張します。母子関係がきちんと作られていなければ、子どもはうまく育たない、母親の愛情不足が子育てのつまずきの元凶だ、というニュアンスで訴えかけてくるのです。もちろん、子育てで母子関係が大切なことは言うまでもないでしょうが、大事な要素はそれだけではありません。父親が、親としての役割を十分に果たしているケースだって多く見られるのです。母親と父親の役割には、いろいろな違いがありますが、最初から母親に子育ての多くの部分を委ね、父親がサポートに回ると決めつける必要などないのです。

大事なことは、その場にいるみんなが協力して障がい児の子育てにあたっていくことです。そして、母親が力を十分に発揮するためにも、父親が子育ての多くの部分を担い、母親の負担を減らすべきです。話を聞いたり、相談に乗ったり、留守番をするということも大切ですが、もっと実際的な手助けをしてこそ、はじめて母親は精神的なゆとりを得ることができるのです。

そうはいっても、父親側から「どうやって子どもとかかわっていいかわからない」「仕事が忙しくて時間がとれない」という声が聞こえてきそうです。本当にそうなのでしょうか。子どもとかかわることが不得手だと感じている父親は、これまで本気になって子どもと時間を過ごしたことがあるのでしょうか。子育てに、得意も苦手もないのです。特別なマニュアルがあるわけではないのです。わからなければ、目の前の子どもから学べばいいのです。子どもの気持ちを無視してかかわろうとすれば、子どもははっきりと「No」のサインを出します。

筆者は、最初は全くうまくいかなかった父親が、粘り強いかかわりで少しずつ変わっていって、いつの間にか、とてもいい父子関係を作ったケースをたくさん見てきました。子育ては、基本的に諦めてはいけないのです。たとえうまくいかなくても、自分自身が少しずつ変わっていくという発想をもって、子どもにかかわり続けていかなければならないのです。

また、普段は仕事が忙しくても、休日に子どもと遊ぶ時間くらいはとれるはずです。親になった以上、自分の時間を費やしても、子どもとかかわることは、ある意味、当たり前のこと（義務）といえるのではないでしょうか。

障がい児がいる家庭は離婚率が高いというデータがあります（今村情子／泊祐子／大矢紀昭「長期に入所している重度心身障害児（者）と家族の関わりの変遷」）。母子家庭（または父子家庭）で子どもを育てる場合には、家族以外の人や各種制度に頼ることが必要になります。最近は、障がい児のデイサービスなどが充実してきています。そのような制度を積極的に利用することは、保護者にとっては自分と子どもを守るために、おおいに必要であるといえるでしょう。

また、母子家庭や父子家庭では、親や兄弟、友人など、周囲の人たちをうまく巻き込み、いろいろな工夫をしながら、みんなが一緒に子育てをおこなっているケースが見られます。このように、家族や周囲のみんなで協力しながら子育てにあたっていくことが大切であり、誰か1人に負担が偏りすぎることは、子どもにとって決していい環境ではないということを常に心に留めておきたいものです。

### 5-2-10 ちょっとだけがまんする

一見、前項目「5－2－9　1人で頑張りすぎない」と矛盾するようですが、そうではありません。頑張りすぎないというのは子育ての基本であり、そのうえで、親として子どものために少しだけがまんしなければならないことがあるということです。

その1つとして、例えば、子どもを取り巻く関係者（専門家、教師、保護者など）とのやりとりで、ときにがまんをしなければならないということがあげられます。かかわる人が増えれば増えるほど、自分とは違う意見の人に出会う割合も高くなります。そんなとき、うまく話し合うことができればいいのですが、そうならないこともしばしばあるはずです。そして、いったん気まずくなってしまうと、あとあとの関係に影響が出ることも考えられます。

たとえ、誰かの言動に少しくらい納得できなくても、すぐに態度に出したり、反論したりしないようにしましょう。大方の考え方に違いがなければ、細かい部分は指摘せず、「相手を受け入れる」という態度をもつことも必要です。イライラしても、その場で対応せずに、いったん家に持ち帰って、それが本当に子どもにとってマイナスなのかどうかを、じっくり吟味してみるといいでしょう。冷却時間を設けるなかで、たいていのことは「たいしたことではない」と考えられるようになります。気持ちが落ち着いてもなお納得できなければ、家族や友人などに相談してみてもいいでしょう。子どものために、親は関係者から信頼を得ることが大切であり、それが直接子どもの教育環境にも結び付いていくのです。

もちろん、本当に理不尽なことに対しては、断固意見を言うべきだと思います。その場合でも、その場で感情的に物申すのではなく、「それはどういう意味でしょうか」と冷静に問いただすだけで十分でしょう。1人でも多くの専門家と密接なつながりをもつことは、子どもを育てるために親にできる大きな仕事の1つといえます。

### 5-2-11 仲間の親同士、一緒に歩んでいく

これまで筆者は、障がい児の親同士がいい関係を作りながら互いに支え合っているケースをたくさん見てきました。友人の子どもを自分の子ども同様に大切にし、まるで家族のようにともに子育てをおこなっていく姿には、感動さえ覚えるものです。しかし、なかには小さなことから仲たがいが生じてしまい、関係がこじれるケースも見られます。

「○○ちゃんよりもうちのほうが障がいが軽い」
「○○ちゃんと一緒にいると、うちの子が育たない」
「あの人の子育てはおかしい」

このようなことを陰で言い合い、不毛な中傷合戦に陥ってしまうのです。

これは一般的にもよく見られることなのかもしれません。しかし、障がい児の親同士の場合、互いに子育てに不安を抱え、デリケートになっているぶん、いったんこじれてしまうと、関係の悪さがより根深くなってしまう傾向があります。一般の親からすれば、どうして障がい児の親同士が気まずくなるのか、奇異に感じられるかもしれません。同じ立場にあって、本来はともに子どもたちを守っていかなければならないのに、なぜ、そうなってしまうのか。

親同士の関係が崩れることは何のメリットもないばかりか、障がいに対する社会の偏見をますます強めてしまう可能性さえあります。なぜなら、それは一方で「障がい児を差別することはおかしい」と言っておきながら、もう一方で、身近な障がい児を差別するという、自分の矛盾に気づいていないからです。

まだまだ、日本の社会に障がい児者に対する差別が残っていることは、多くの人が日頃から実感しているところでしょう。それは、障がい児だとわかったときに表す、いろいろな人の反応を見れば、すぐに伝わってくることです。しかし、誰でも、一生懸命子育てをしている親に対しては、このうえない畏敬の念をもつはずなのです。たとえ、ほかの子に比べて小さな成長でも、そこに喜びや幸せを感じることは、人間にとってきわめて豊かな生き方だと思います。

だからこそ、障がい児の親同士はいがみ合ってなどいてはいけないのです。一緒に協力しながら、お互いの子どものごく小さな成長に気づき、認め合っていくことが、親自身の人生を豊かにするとともに、世の中に対して障がい児を育てることの意義をアピールする、とても貴重な機会になるのです。障がいがあってもなくても、そんなことは関係なく、子どもはみな人類のかけがいのない宝なのです。障がいがある子どもの親こそ、そのことを1人でも多くの人に伝えていかなければならないと、筆者は強く感じています。

## 5-3 子どもの育ちをサポートする方法

子どものスムーズな育ちをサポートするためには、日頃の何げないかかわりが大変重要です。その際、ただやみくもに、一生懸命育てるのではなく、いくつかの大切な視点をもってかかわる必要があります。例えば、以下の点を参考にしていくといいでしょう。

### 5-3-1 寄り添いながら、ときに対決する

子どもに共感し、寄り添うことは、子育ての基本です。身近な大人に「愛されている」と実感することほど、子どもたちにとっ

て大きな力となることはないでしょう。しかし、「寄り添う」ことは、ややもすると「何にでも応じる」「すべてを受け入れる」ことにつながってしまいます。障がい児だからといって、「何もできない」「かわいそう」などと考え、必要以上に受容的になる必要はありませんが、そのことをよくわかっていながら、つい子どもに甘くなってしまう親が多いのも事実です。

子どもに寄り添うことと、子どものすべてを受け入れることは明らかに違います。もし、すべてを受け入れてしまったら、親は子どものペースにのみ込まれ、翻弄されるなかで、お互いの依存関係がどんどん強まっていくことでしょう。

親は子どものペースに合わせながらも、ときに子どもの提案に反論したり、期待はずれの行動をとるなど、小さな「対決」をする姿勢を見せることが必要です。受け入れながらも（受容）、「ここは譲れない」（対決）というところを明確に表現するのです。このような「かけひき」のなかで、子どもは相手の要求を受け入れながら、自分自身を主張するという生きるために必要な技を身につけていきます。

親には「受容」と「対決」をバランスよく提供していくことが求められます。「受容」がすぎると、子どもに注意するときでさえ、優しいことばがけになってしまいます。笑顔で注意をしても、それは注意にはなりません。また「対決」がすぎると、不必要に子どもの行動を規制してしまいます。指示（〜しなさい）や注意（〜しちゃだめ）ばかりになり、まるで注意するために子どもを監視しているかのようになってしまいます。

簡単なことではありませんが、親は子どもに寄り添ったり、対決したりしながら、柔軟に対応していくことが大切です。障がい児の場合、親に「かわいそう」という気持ちがはたらきやすく、それが無意識のうちに「受容」か「対決」のどちらかに偏らせてしまうということを、私たちは意識しながら子育てにあたっていく必要があるのです。

### 5-3-2 ことばを促す環境を作る

ことばは、ただしゃべればいいというものではなく、対人関係やコミュニケーション、身体の育ちなど、いろいろな力の育ちに裏打ちされた形で、相手とのやりとりを通じて少しずつ出てくるものです。ことばを焦って言わせようとしても無理があり、ことばが出るまでには、誰もがたどる一定の筋道というものがあるのです。

ことばがまだ出ていない子どもに話しかける場合、一般的に、ゆっくりと、短めに、わかりやすく、楽しそうに話しかけることが大切です。早口で話しかけても、子どもにはそれらを受け止める力が育っていません。

また、何かを始める前と終わったときに、「いただきます」「さあ食べようね」「ごちそうさま」「おいしかったね」などとタイミングよく声かけをおこなうことが有効です。それは、いつもおこなう行動とことばが一体化し、子どもにとって理解しやすいものになっています。さらに、子どもがおこなっていることに対し、隣で実況中継のように話しかけることも有効です（「あっ、上手に積み木を積んだね。どんどん高くなって、スカイツリーみたいになったね」「わあ、アイスクリーム冷たいね、ヒャー、冷たい」など）。あるいは、子どもが注目している対象を、積極的に言語化していくのもいいでしょう（「あっ、電車きたね、ガタンガタンだね」「雨がふってきたよ、ポツンポツンだね」など）。いずれの場合も、擬態語・擬声語（「よいしょ」「トントン」）を多く取り入れて、子どもにとってわかりやすい言語環境にしましょう。

そして、子どもと会話を楽しむときは、おもちゃでも絵本でも遊びでも、子どもの好きなものを手がかりに、やりとりをおこなうことが大切です。一般的に、子どもは好きなものがはっきりしていますが、障がい児は、それがあやふやな場合が多いようです。そのため、私たちは子どもが何に興味があるのかを、日々丁寧に観察していく必要があるでしょう。

そのうえで、子どもが声を出しやすい環境を作っていきます。例えば、大人が歌を歌ってあげることで、子どもも声を出しやすくなります。また、楽しいことをしながら、一緒に声を出して笑うことはとても有効です。その際、母音や子音など、いろいろな種類の声を出せるようになることがあとの語彙の増大にとって、とても大切になってきます。声といっても、大きな声ばかりではなく、リラックスした環境のなかで、穏やかな、柔らかい声を出すことも目指しましょう。

そして、何よりも相手に伝えたいという気持ちがなければ、ことばはなかなか育ちません。そのため「これ取って」「○○が食べたい」などの要求語や、「あっちっち」「いたいよ」「おいしいね」などの共感語が出やすい環境作りをおこなってください。まだ、ことばが出ていない子どもには、要求や共感の場面で、大人が子どもの気持ちを言語化していくことが必要です（「そう、○○がしたいのね」「いたいねー。ぶつけちゃったね」など）。

### 5-3-3 子どもの小さな変化に注目する

教師は、職員室で常に子どものことを話題にしています。しかし、子どもとうまく関係がとれない教師ほど、ややもすると、子どもの愚痴を言うことが多いようです。

- Aちゃんは落ち着かなかった。
- Bくんは活動に全然興味を示さなかった。
- Cくんは集中が全く続かない。
- Dさんはパニックばかり起こしている。
- Eちゃんは給食を全然食べてくれない。

実際に、子どもはそのような様子を示しているのかもしれません。しかし、そこで目にしたのが、その子のすべてではなく、一面だということを私たちは押さえておく必要があります。子どもに対し、いつもネガティブな見方ばかりしていると、いい部分や頑張っている部分が見えづらくなってしまい、結果的に職員室で愚痴を言うようにもなります。

ちょっと見方を変えて、別の視点から子どもを観察すれば、それまでとは全く違う子ども像が見えてくるはずです。一見、落ち着きがない子どもでも、反面、いろいろなことに興味をもったり、短時間ではあるが1つ1つのことへの集中度が高い、などの面が見えてくることがあります。また、パニックを起こす子どもを、なぜそうなったのかという視点で見ていくと、案外身近なところに、その原因になる部分が見つかることがあります。子どもの行動をできるだけ連続的、多面的に注目することが、子どもの本当の姿を知るうえでとても大切なのです。

親の立場でいえば、まずは、子どもの言動や行動に圧倒的な興味をもち、かかわりのなかでごく小さな変化を見逃さないよう心がけましょう。そのような小さな変化を忘れないためには、「ここが変わったな」と気づいた時点で、簡単な記録（日記）に残すことです。

### 5-3-4 「似ていてちょっと違うもの」を大事にする

知的障がいのある子どもたちには、「繰り返し学習」が有効だといわれています。繰り返し経験することで、いろいろな知識が、頭だけでなく体のなかに染み込んでいくのは、私たち大人もよく経験することです。一方、繰り返しは、パターン化につながりやすく、ちょっと違うことへの対応を難しくしてしまうおそれがあります。柔軟性のなさは、実際場面で役に立たないことが多く見られるのです（58−59ページの「2−5−6　似た活動を多く提供する」を参照）。

かつての障がい児教育では、このような「繰り返し」学習があちこちにあふれていました。当時の養護学校の1日の流れを見てみると、登校から下校まで、毎日同じような活動が繰り返されていました。それは、見通しをもちやすいという理由もあったのでしょうが、子どもの行動がパターン化するという面があったことは、否定できません。

例えば、運動を例にとって考えてみましょう。かつての障がい児教育では、「マラソンを毎日○周おこなう」というようなパターン的、訓練的に運動をおこなうところが多くありました。マラソンのような持久力を高める活動は、低学年段階の子どもにはあまり適さないといわれています。にもかかわらず、小学部の低学年から高等部の生徒まで、全校生徒がグラウンドを走るという姿が、日常的に見られたのです。

小学校の低学年段階の運動でいちばん大切なことは、「いろいろな種類の動作をまんべんなくおこなうこと」といわれています。日常的な動作はもちろんのこと、普段はあまりおこなわないような非日常的な動作を数多くおこなうことで、子どもたちの身体への意識が高まり、それが運動面の成長へとつながっていくのです。マラソンをするにしても、ただ走るだけではなく、いろいろなバリエーションをつけると有効です（坂道を上ったり下りたりする、ひもの電車にみんなが入って一緒に走る、平均台やタイヤ、ひもまたぎ、くぐりなどを使ってサーキットをするなど）。結局は、子どもが楽しくなるように、1つの活動をさまざまにアレンジすることが大人の裁量になってくるわけです。

親は、子どもに、同じことを何度も繰り返しおこなわせるのではなく、似ていてちょっと違うもの（そんなに難しくないもの）を少しずつ取り入れていくといいでしょう。似ていることを体験するなかで、子どもは徐々に、同じような活動では満足できなくなり、違う種類の活動や、一段上の活動に挑戦するようになります。それこそが、周りから見て「成長したね」と実感できる姿といえるでしょう。

### 5-3-5 ほかの子どもにも興味をもち、かかわる

親は誰でも、自分の子どもを育てることに一生懸命です。少しでもできることが増えてほしい、問題行動が減ってほしい……。いつも、子どものことばかり考え、何とかしなければと悩んでいるのです。それは、親として当然のことなのでしょうが、ややもすると気持ちばかりが前のめりになり、結果的に子どもに不必要な負担をかけてしまうことにもなりかねないのです。

子どもを強く思う気持ちはよくわかりますが、親と子の息が詰まるような狭い空間のなかでは、子どもはのびのびと育ちにくくなってしまいます。親子関係は、ある程度、付かず離れずの「程よい距離感」があって、はじめて、お互いのことがよく見えてきます。たとえ、お母さんやお父さんが近くにいなくても、自分は愛されているんだという実感から、子どもは安心してその場で過ごすことができるのです。そして、それこそが、親子にとって最も心地いい距離感なのだと思われます。

そのための有効な手立てとして、親がほかの子どもにも興味をもつことが考えられます。人は、誰かを知ろうとするとき、その対象者だけを見ていたのでは、よくわからないことがあります。いろいろな人とかかわるなかで、客観的にその人が見えてくることが多いのです。子どもの場合も同じです。ほかの子を見ていると、自分の子どもにとってよくない行動だと考えていたことが、実は誰でもおこなっている一般的なものなんだと、気持ちが楽になることがあります。なぜ、Aちゃんはほかの子にちょっかいばかり出すのだろう。そうか、こういうことを一緒にやりたいから、Aちゃんなりに一生懸命アプローチをしているんだ……。うちの子がそうするのも同じ気持ちだったのだ……。このように、他児の気持ちが見えてくることで、自分の子どもの姿が明確になってくるのです。

ほかの子どもを知るためには、日頃から、大人自身が積極的に

いろいろな子どもとかかわりをもつことが必要です。自分の子どもとうまく距離感をもっているお母さんやお父さんは、ほかの子どもとも自然にかかわることができます。そのような親は、周りの子どもたちすべてを、わが子が育つための大切な仲間として意識しています。子どもは、まさに自分を取り巻く大人や子どものなかで育っていくのです。

### 5-3-6 常に目標を立てる

親はみんな、子どもに対し、1つでも多くのことができるようになるよう望んでいます。子どものスキルを、1つ1つ向上させていくのも大切ですが、もっと大事なことは、その子が将来どのような大人に育ってほしいのかという「将来像」を、幼い時期から真剣に考えていくことです。そして、大人になってから輝くために、子ども時代を犠牲にするのではなく、いまも輝き、そして将来も輝くことを常に目指していかなければなりません。

そのためには、子どもの興味・関心に常にアンテナを張り巡らせ、将来に結び付くような、長いスパンの目標を立てることが必要です。目の前のことに躍起になるだけでなく、子どもの主体性を大切にしながら、親子で一緒になって、子どもの将来に向かっていくのです。

筆者の教室にきているある子ども（特別支援学校在籍）の親は、子どもの将来に向けて、次のような目標を立てました。

①情緒の安定
②身辺の自立
③好きなことをもつ

なんとシンプルで、夢のある目標でしょう。ここには、子どもがいまやるべきことと、将来に目指す姿の両方が、バランスよく描かれています。特に「好きなことをもつ」は、その親が日頃から子どものことをどう思い、どのように育てたいと望んでいるのかが愛情たっぷりに表現されていると感じられます。その子がもっている「好きなこと」は、その子にしか作れない世界なのです。親が子どもの立場に立って将来の目標を考えることができれば、子どもも自然に目標に向かって進みだせるのではないでしょうか。

このような人間に育ってほしいという目標に、親の子育ての姿勢が表れます。そのため、親は、日頃から子どもの気持ちを理解し、何を身につけてほしいのかということを、優先順位をつけながら考えていく必要があるのです。

## 5-4 専門家の見極め方

長い子育ての過程で、親は医師や保健師、保育士、教師、心理士やST（言語聴覚士）、OT（作業療法士）、PT（理学療法士）、MT（音楽療法士）、セラピスト（臨床家）など、さまざまな専門家に出会います。

信頼できる専門家が多い一方で、専門家に対して何らかの不信感をもっている親が少なくないということも事実として伝わってきます。本来は、親と強いきずなで結ばれ、ともにタッグを組んで子どもにかかわっていくべき専門家に対し、なぜこのような不信感が生じるのでしょうか。

言うまでもなく、子どもの専門家には、一般の人には及びもつかない専門性の高さがなければなりません。では、親の不満はどこにあるのか。それを明確にするためにも、親は本物の専門家を見極める「鋭い目」を身につける必要があります。

ここでは、特に子どもと直接かかわる「障がい児の発達促進に関係する立場の専門家（臨床家、教師など）」について述べていきたいと思います。以下に、プロフェッショナルがもつべき力のなかから、特に大事な点について記していきましょう。

### 5-4-1 発達や障がいを理解する力をもっているか

発達や障がいを理解する力は、専門家の資質として、最も大切な土台です。まだ、感触遊びが好きな子どもに、ものを見たり操作したりするよう促しても、なかなかうまくいきません。子どもが何かでつまずいているときには、そのものに直接かかわるのではなく、なぜできないのかを理解し、遠回りになっても、必要なプロセスをたどっていくことが不可欠です。そして、その内容がわかることが、まさに発達を理解するということにほかなりません。特に、自閉症児とのかかわり方については、専門性の有無によって大きな差が生じます。ただ、熱意をもってかかわるだけでは、子どもたちは振り向いてくれないのです。

**エピソード9**

**子どもの特性を見誤り、自己流でかかわってしまう専門家のケース**

Kくんは、4歳の自閉症児です。まだ弱々しい声ながら、場面に応じて単語が出るようになってきたところです。お母さんとの日々のやりとりのなかで、要求語や物の名称を言うことが、少しずつ増えてきています。

そんなKくんが、いつものようにST（言語聴覚士）の先生とやりとりをおこなっていました。絵カードを見ながら、名称を言う学習をおこなっていたときに、たまたま「ねこ」の絵を見て、何かを思いついた顔で「いぬ」と答えたのです。そのことばを聞いた先生は、すかさず「ねこでしょ」と少し強い調子で言いました。そのやりとりを聞いていたお母さんは、その場で「うーん」と唸ってしまいました。

ことばが出始めたばかりのKくんにとって、「ねこ」を「いぬ」と言ったことは、実はとても意味があることといえます。

子どもは誰でも、発達の過程で、四つ足動物を見ると、すべてひっくるめて「ワンワン」とか「うしさん」と言う時期があるといわれています。Kくんの発達段階をほんの少し考えれば、動物の絵カードを見て、はじめて口にしたことばが「いぬ」だったのは、とても興味深いことです。この場合、先生は「そうか、いぬか」と思うべきであって、すぐに、少し強い調子で「ねこ」と言い換える必要はなかったのです。それまで動物にほとんど興味を示さなかったKくんが、ここにきて、唯一「いぬ」にだけ興味を持ち始めたところだったのです。

STの先生は、教え込もうとする気持ちが強くなり、焦ってしまったのかもしれません。その後、しばらくは、何の動物を見ても「いぬ」と言うKくんを、お母さんはほほえましく思いながら受け入れていました。そして、そのような状態がしばらく続いてから、Kくんは徐々にいろいろな動物の名称を言うようになったとのことでした。

### 5-4-2 子どもを理解する力をもっているか

次に、「5−4−1　発達や障がいを理解する力をもっているか」の「発達や障がいを理解する力」を土台にして、実際に目の前の子どもを理解することが必要になってきます。すなわち、専門家は障がい特性を、どの子どもにも当てはめるのではなく、その子がもつ独自の特徴を理解していかなければならないのです。

例えば、見た感じで「情緒が不安定」と決めつけるのではなく、どのような場面でそうなるのか、誰と一緒のときにそのようなことが多いのか、というように、状況や人との関係性のなかで、子どもを理解する必要があるのです。また、子どものできないことや問題行動ばかりに目を向けるのではなく、長所にも目を向けているかどうかという視点で、専門家を評価するといいでしょう。

**エピソード10**

**落ち着きがないと決めつけられてしまったAくん**

小学校の特別支援学級に入学したばかりのAくんは、動きが多いものの、いろいろなことに興味をもち、どの活動にも積極的に向かいます。ことばは、単語を話せますが、それを要求場面などでうまく使うことができません。

ある日、朝の会を始めようとした先生が、みんなに着席するように言いました。ところが、Aくんがどこかに向かって走りだしてしまったのです。多動傾向のAくんが、落ち着きなく無目的に走りだしたと思い、先生はすぐに止め、座らせました。でも、Aくんはまた離席しようとしています。それを見た先生は、Aくんのそばにぴったりと付き、立てないように手で膝を押さえました。Aくんは抵抗しましたが、大人の力にはかないません。そして、ついには泣きだしてしまいました。

そこへ、別の先生がやってきました。その先生はAくんを立たせ、「どこに行きたいの?」と優しく声をかけました。すると、Aくんは先生の手を引いて、掲示物のところに連れていったのです。そこには、画鋲が1カ所取れて、めくれてしまっている作品があったのです。Aくんは、それが気になっていたのです。先生が貼り直すと、Aくんは落ち着いてみずから席に戻りました。

この例では、先生が子どもを多動と決めつけ、Aくんの気持ちに気づきませんでした。子どもとかかわる専門家には、一歩後ろに引いて子どもの全体像を見ることが求められます。子どもが何を考えているのか、何を求めているのか、何をしたいのかを、細かく汲み取っていくのです。そして、それでも、子どものすべてを理解するのは難しいということを常に心に留めておく必要があるのです。

### 5-4-3 子どもの心をつかむ力をもっているか

子どもといい関係を作っていくことは、専門家にとって絶対条件の1つです。「〇〇先生に会いたい」という気持ちがあってはじめて、臨床がスタートします。好きな人と、好きなことをしながら、子どもは成長していくのです。関係のとり方は人によってさまざまですが、子どもと大人が一体感をもっているかどうか、という視点で見ていけば、判断しやすいといえるでしょう。

**エピソード11**

**自閉症の子どもとの関係作り**

ある年、筆者は、△県〇市の教育委員会の依頼を受け、指導者として、〇市内の小・中学校訪問をおこないました。特別支援学級の一日の様子（研究授業その他）を見て、指導・助言をおこなうという役割です。

ある小学校を訪れたとき、筆者は自閉症児のCくんに出会いました。Cくんは私があいさつしようと近づいても、「こっちにこないで」という様子でさっと逃げてしまいます。そこで、筆者は、面と向かって近づくのをやめ、教室の窓から外を眺めているCくんとは少し離れた別の窓に立ち、Cくんと同じように外を見ることにしました。

しばらくの間、その距離を保ったまま時間を過ごしましたが、Cくんがその状態を受け入れていることを確認して、少しずつCくんに近づき、1メートルほど離れた場所で、再び一緒に窓の外を見ることにしたのです。Cくんは、この状態もすんなりと受け入れてくれました。そこで、筆者はさらにCくんに近づき、意を決して、Cくんの手の甲に筆者の手の甲を一瞬くっつけて、すぐにその場から離れたのです。

するとどうでしょう。Cくんは、筆者のほうをちらちら見るようになり、近づきはしないものの、明らかに筆者の動向をうかがうようになったのです。その後、給食を挟んで、昼休みに再びCくんの教室を訪れると、筆者を見つけたCくんがいきなり近づいてきて、手を取って教室のなかに引っ張っていきました。その後、筆者がCくんと思う存分遊んだことは言うまでもありません。

このエピソードから、自閉症児との関係で、距離感や身体接触がとても重要な意味をもつことがわかります。このような、一見接点の少ないかかわりでも、十分に子どもといい関係を作れるのです。逆にいえば、接点をあまりに多くもちすぎると、関係を疎遠にしてしまう可能性があるのです。大切なのは、子どもの気持ちを丁寧に読み取りながら、時間をかけて、適切にかかわっていくことです。

### 5-4-4 子どもに合わせた教材や活動を次々に作り出せるか

ときどき、「これをやれば絶対に伸びる」と自信たっぷりに語る専門家がいます。はたして、そのような、どの子にも万能な教材や指導法など存在するのでしょうか。答えは「No」です。なぜなら、専門家は誰しも、目の前の子どもからスタートしなければならないのであり、子どもの数だけ、教材の数も必要になってくるからです。「初めに教材ありき」という考え方は、全く意味をなさないといえるでしょう。

ビギナーの教師にとっては、もしかしたら、このようなハウツー的な発想が指導の手がかりになるのかもしれません。手探りの状態で、子どもにかかわるよりは、何らかの具体的な指針があるほうがいいこともあるでしょう。しかし、この発想は、あくまでも、ビギナー教師が力をつけるまでの過渡的なものといえます。本来は、一人ひとりの子どもに合わせた教材や活動を、細かく設定していかなければならないのです。

どんなに優れた教材でも、やみくもに使ったのでは意味をなしません。どのタイプの子どもに対し、どのタイミングで、誰が実施するかで、結果は全く違ってくるのです。教材を生かすも生かさないも、使う人次第というわけです。

そのために、専門家は子どもに合わせた教材を、できるだけ多種多様に作り出すことが求められます。いまは使わなくても、いつか使うだろう教材を、ひらめきのなかで次々に作り出す力を持ち合わせていなければならないのです。優秀な専門家の仕事場は、必ずといっていいほど、大量の教材・教具・ワーク集などであふれています。

### 5-4-5 豊かに表現する力をもっているか

子どもの専門家は、豊かに表現することができなければなりません。どのような場面でも、わかりやすく、魅力的に演じられなければ、子どもの心をとらえるのは難しいでしょう。それは、ただおおげさに演じればいいというような単純なものではなく、声の調子や表情、動き、ことばなどを総動員させて、どの子もハッと見入るような表現をおこなうということです。

臨床をおこなう専門家のなかには、自分は何もせずに、子どもに「こうしましょう」と表現を強いる人がいます。子どもは、表現をしていない大人から「表現しなさい」と言われても、決して心を開きません。目の前の大人が、楽しそうに表現しているからこそ、子どもは自分も表現したくなるのです。

また、恥ずかしそうに表現する人がいます。この場合の「恥ずかしい」は、一体誰に対してそうなのでしょうか。察するに、周囲の大人に対して恥ずかしいのであり、ということは、子どもよりも大人の目を気にしているのです。これでは、専門家の資格は全くないといえるでしょう。

専門家が身につけるべき条件の1つに、「自分の殻を破る」（自意識を捨てる）ということがあげられます。「恥ずかしい」などと感じていては、思いはとうてい子どもに伝わらないでしょう。母親が乳児や幼児に歌いかけるとき、恥ずかしがることなどありえません。母親は、愛する子どもに歌いかけたいから歌いかけるのであり、それには上手も下手もありません。そもそも、表現とはそのようなものではないでしょうか。

優れた専門家は、舞台俳優のように、子どもを魅了する演技ができるのです。

### 5-4-6 情緒的に安定しているか

「情緒の安定」などというと、まるで、子どもの教育目標のようですが、実は大人にとってもとても大切なことといえます。目の前の大人が、情緒的に安定しているかどうかは、子ども自身の情緒の安定にも大きくかかわってくるのです。

もし、目の前の大人が、日によって機嫌がよくなったり悪くなったりしたら、子どもはどうなるでしょうか。誰かの不安は、そのまま身近な人の不安につながります（情動は伝染するのです）。特に、不安傾向の強いタイプの子どもにとって、周りの大人の情緒不安は、ストレートに影響を及ぼしかねません。人間なら、誰でも、いつも気持ちが安定しているとはかぎりません。しかし、それを安易に表に出さないのが、プロフェッショナルです。

子どもは、大人の気持ちの動揺を、きわめて鋭く読み取るということを、私たちは深く理解しておく必要があります（どのタイプの子どもも、驚くほど鋭い観察眼をもっています）。情緒的にいつも安定しているかどうかは、専門家を見るうえで重要なポイントになるのです。

### 5-4-7 臨機応変の力をもっているか

子どもがおこなう活動は、専門家が事前に考えたプログラム（指導案）にのっとっています。気まぐれや思いつきで授業を組み立てる指導者はいないはずであり、専門家といわれる人は、個々の子どもの実態や集団の特性に基づいて学習内容を丁寧に作り上げていくのです。

しかし、あらかじめ用意したプログラムをいつも絶対と考え、ただ忠実におこなえばいい、というわけではありません。そもそも、プログラムの作成には、活動の前に考えるという意味で、当日の子どもの様子は加味されていないという実態があるのです。当日になって、子どもの体調や気持ち、他児との関係性、思わぬ出来事など、いろいろな事情によって、当初予想したものとは微妙に（ときに大きく）違いが生じてくることも十分ありうるわけです。そのようなとき、本当の専門家は、動じることなく、その場に合った活動に変えていくのです。

場合によっては、プログラムの内容や順番を変更することもあるでしょう。そういうフットワークのよさ、臨機応変さが、プロの臨床家には強く求められるのです。そのために、臨床家は、あらかじめいろいろな場面を想定し、いくつもの活動を準備しておく必要があります。

### 5-4-8 ほかのスタッフとの連携をとる力をもっているか

子どもを複数の大人で見ていく場合、そこにいる大人はいい関係を保たなければなりません。もし、学校の先生同士の仲が悪く、常にぎくしゃくしていたなら、クラスの子どもたちは必ずマイナスの影響を受けるでしょう。立場や年齢、性別、性格の違いはあるにしても、お互いが相手の気持ちを尊重しあい、よさを認め合うべきです。そのうえで、教師同士が、目的やサポートの共通理解を図っていくことが大切になります。子どもへのかかわり方に違いはあっても、それぞれが相手のよさをよく知ったうえで、互いに、それらをうまく発揮できるようにすれば、1プラス1が5にも10にもなってくるのです（違いがあるのはとてもいいことなのです）。

家庭のなかで、お父さんとお母さんが仲良しなら、子どもは安心して育つことができます。不仲であれば、別々にどんなに温かくかかわっても、子どもの気持ちは決して安定しません。その意味で、専門家には、同僚や違う立場であっても、いろいろな相手を寛大に受け入れ、活動の雰囲気を常によくしていく力が求められるのです。

特に、ベテランの教師は、同じチームの若手や力の足りない教師をうまく育てていく必要があります。いつも自分だけが前に出るのではなく、ほかの人が力を発揮できるよう、うまくサポートしてほしいものです。

**エピソード12**

### 統制的な教師の下で過ごす子どもの問題点

ある小学校の、特別支援学級での出来事です。担任のA先生が他校へ異動になり、別のB先生がやってきました。すると、それまで落ち着いていた子どもたちが、自分勝手に動くようになってしまいました。教室を飛び出す子もいれば、あちこちでケンカをしたり、クラスのみんなが先生の言うことを聞かず、無秩序になってしまったのです。

一見すると、新しくきたB先生に力量がないことが、すべての原因のように思われます。しかし、実際には、それまで担任をしていたA先生の指導法にも、問題があったのではないかという疑問が生じてくるのです。

A先生はベテランで、クラスを1人の力でまとめ、子どもたちはとてもよく言うことを聞いていました。教師3人でクラスを担当していたものの、実際には、A先生が中心になり、ほかの2人の先生は、追従的な立場にあったのです。そこには、A先生のやや強引で、統制的な指導法が見え隠れします。A先生は、自分が主役になり、自分の前で子どもたちがきちんとすることをいちばんの目標に置き、そのような関係を子どもたちとの間に強力に築き上げてしまったのです。「A先生がいれば落ち着く」は、裏返すと「A先生がいなければ落ち着かない」ということであり、一見落ち着いて見えた子どもたちは、本当の力がついていたわけではなく、A先生の前でだけいい子でいることを学習していたのです。

本来、子どもに身につかせたい力とは、どのような状況でも、誰の前でも、いつも同じように振る舞える力です。このケースで、A先生がやらなければならなかったのは、自分がいなくなったときに、新しい先生とうまくすごせるよう、子どもたちに「相手に合わせる力」「臨機応変の力」を育てていくことだったのです。A先生は、自分がいる間に、一歩退いて、ほかの先生と子どもたちとの関係を全力でサポートする必要があったのです。

このエピソードは、A先生に限らず、ベテランの教師によく見られることです。つい自分が頑張ってしまいがちですが、子どもに本当の生きる力を身につけさせるためには、自分がいなくなってからのことを考えて、日々の教育をおこなっていく必要があるでしょう。

### 5-4-9 わかりやすく説明する力をもっているか

専門家は、自分がもっている知識や技能、経験を親に対し、わかりやすく説明する義務があります。専門用語ばかり羅列し、自分だけがわかっているような説明をしても、それはその人の自己満足にすぎません。親が気づいていない子どもの小さな成長に目を向けて、親に、何が大切なのかをわかりやすく伝えられなければ、説明責任は果たせません。

たとえ、保護者の話が要領を得ず、ときに的外れだとしても、それに対していちいち反論したり、イライラするようでは、とうてい専門家とはいえません。どのような親に対しても、丁寧に伝え、丁寧に聞くという姿勢で応じていかなければならないのです。

その際に、相手によっては、いきなり本題に入るのではなく、雑談などをおこなって回り道をしてから大切なことを説明する、という配慮も必要になってきます。雑談を軽く見てはいけません。雑談があって、気持ちがほぐれてはじめて、思っていることを話し始める親も少なくないのです。

そして、専門家の資質は、以下のような質問に対し、適切に答えられるかどうかで、評価されます。

「この活動は子どもにとってどのような意味があるのか」

「子どものいまだけでなく、近い将来や大人になったときにどういう意味をもつのか」

「この活動が難しいときに、代わりになる活動としてどのようなものがあるのか」

このような質問に、的確かつシンプルに答えられるよう、専門家は日頃から努力を積み重ねていく必要があるでしょう。

### 5-4-10 子どもとつながるための特技を何かもっているか

例えば、音楽は子どもとつながる際の有効なツールになります。子どもが歌を歌い始めたときに、すぐに子どもと同じ音程で心地いい歌声やピアノ伴奏を奏でられれば、子どもとの距離感はグンと縮まることでしょう。このように、音楽を媒介として得られる一体感は、多くの子どもにとってとても心地いいものです。それは、たとえ、ことばをもたない子どもであっても、同じような効果が得られるという点で、音楽の有効性の奥深さがうかがわれるのです。

ほかにも、運動表現や美術表現など、子どもと接点をもてるツールはたくさんあります。美術の得意な人であれば、いろいろな素材を使って、子どもの表現力を最大限に引き出すことが可能でしょう。このように、何らかの特技をもつことは、子どもとの関係作りにとって、圧倒的な力になりうるといえます。そのために、専門家は日頃から自分自身で何ができるかを考え、いろいろな技術を磨き続けていくことが必要です。

### 5-4-11 ときに、保護者に厳しくなることができるか

どの親とも良好な関係を保つために、専門家は常に親の立場に立って、子どものことを考えていく必要があります。しかし、それは決して、親に寄り添いすぎて、機嫌とりのようになってしまうことではありません。もちろん、教えてあげるという上から目線でかかわることでもありません。双方の関係は、「教える―教えられる」という一方通行のものではなく、どちらからも言いたいことが言える「対等な関係」でなければならないのです。

具体的には、専門家は、ときに保護者の思い込みや間違った子ども観をきちんと正すという、ある種の厳しさをもつことも必要になってきます。子どもへのかかわり方が明らかに正しくなければ、きっぱりと伝えるべきなのです。多少言いにくいことも言えるという関係があってはじめて、子どものことをともに考え、ともに悩めるのです。もちろん、それは信頼関係という土台があり、なおかつ、親しい友人同士ではなく、専門家という立場だからこそ、できることだといえるでしょう。

### 5-4-12 課題場面で主導権を握っているか

専門家は、基本的に子どもに寄り添うことが大切ですが、当然ながら、それは子どものペースに巻き込まれて、翻弄されるという意味ではありません。子どもが自由に振る舞っているように見えても、実際には大人が主導権を握り、目的をもって課題を進めていかなければならないのです。

よく見られるケースに、子どもが「やりたい」と主張したときにすぐに応じてしまったり、「もうおしまい」と言えば、そのまま終わりにしてしまうということがあります。これでは、完全に子どもが主導権を握ることになり、目的の達成も難しくなってしまいます。そうならないためにも、専門家自身が課題の「始まり」と「終わり」にペースをつかみ、主導権を握りながら、最後は楽しく終わるようにもっていきましょう。楽しい雰囲気のままで終われれば、子どもは相手や課題に対して、好印象をもてるのです。

なお、課題は、子どもが何かができるようになるためだけにおこなうのではなく、どちらかといえば、大人と子どもがやりとりをする（＝対人関係を高める）ためにおこなっていることを、常に自覚する必要があるでしょう。何かを教えるという「技術偏重型」ではなく、お互いの関係性のなかで、「この人が楽しそうにやっているから、僕もそうしようかな」と思ってもらうことが重要なのです。そして、そのような関係が成立するためにも、場面を曖昧にせず、しっかりと主導権を握っていく必要があるのです。

1点、気をつけなければならないのは、大人が主導権を握りながらも、選択肢などを設けて、子どもみずからが選ぶ機会を積極的にもたせていくことです。主導権を握るのは、何も、大人が子どもを支配するためではありません。子どもが主体性をもちやすいように、場面を整理する必要があるのであって、そのために主導権を握ることが有効なのです。

### 5-4-13 ユーモアのセンスをもっているか

教師や発達の専門家は、ややまじめすぎると、多くの人が感じています。一生懸命さはいいのですが、その必死さを子どもに押し付けては、息苦しくなってしまいます。一生懸命教えて、子どもが何かができるようになったり、きちんとした態度を身につけたりすることも大切ですが、本来、そのようなことは、「一生懸命」教えるのではなく、「楽しく」「わかりやすく」教えなければならないのです。

まじめで、堅苦しい雰囲気のなかで育てられた結果、大人になってから、職場で冗談が理解できなかったり、同僚や上司とうまくいかないというケースがよく見られます。人が生きていくということは、もっと柔軟で、豊かなものでなければなりません。そのために、専門家は子どもに対してユーモアたっぷりにかかわっていく必要があります。子どものユーモアセンスは、できるだけ幼い時期から磨かれなければならないのです。

筆者はかつて、教員時代に自閉症の男の子の担任をしていました。対人関係が苦手で、朝の会で名前を呼んでも、答えないどころか、なかなか目を合わせてくれませんでした。その子は天気予報が好きで、いつも「南西諸島は……」などとつぶやいていました。ある日の朝の会で、その子のことを「南西諸島くん」と呼んだところ、男の子は筆者のほうをじっと見つめ、ニヤッと笑ってくれたのです。それからは、筆者の言動や行動を期待してくれるようになり、しばらくして、今度は自分からふざけたり、冗談を言うようになったのです。これは、まさにユーモアがユーモアを引き出した例といえるでしょう。冗談を理解し、みんなと一緒に笑えるようになることは、確実にその子の将来につながります。そのことからも、ユーモアのセンスをもつことは、専門家の条件の1つといえるでしょう。

### 5-4-14 プロとしての自覚をもっているか

どのような職業でも、プロと呼ばれる立場には特有の使命があります。それは、対象となるクライアントを最大限に尊重するということです。筆者のような障がい児の臨床家の立場でいえば、子どもたちのために全力を尽くす、子どもたちの利益を第一に考える、子どもたちを支える保護者を守る、と強く意識し続けることといえるでしょう。

臨床家個人の利益や出世を目的とせず、自分が培ってきた高度な知識や技術、そして誇り高い人間性を、唯一子どものためだけに提供し、そのことを最高の誇りと感じられる人のことをプロというのです。そして、このような本物の専門家を、親は全力で探し続けていかなければなりません。親の選択肢が少しでも増えるために、私たち臨床家は、最高の専門性と圧倒的な人間性を高める努力を、日々続ける必要があるのです。

以上、これら「5－4－1」から「5－4－14」を、保護者は、これから出会う、あるいはすでに出会っている専門家について考えていく際の参考にされるといいでしょう。もちろん、このほかにも大切な視点はあるでしょう。あるいは、上記のある部分が不十分でも、それを補って余りある魅力をもつ専門家も数多く存在することを付け加えたいと思います。

いずれにせよ、これからは、親が専門家を選んでいく時代であり、そのことを心に留めながら、目の前の専門家と付き合っていくことが大切です。

## 5-5 厳しすぎる指導について

最後に1つ、大切なことを述べたいと思います。それは、厳しすぎる指導はなぜよくないかということです。

学校現場では、よく「障がい児は甘やかすべからず」という方針の下、厳しく指導することに使命のようなものを感じている教師を見かけます。なかには、厳しさを通り越して、感情的に子どもを叩いたり、蹴ったりするなど、体罰で子どもに怪我を負わせる教師までいて、残念なことに、そのような事態は後を絶たないのです（ときどき、新聞やニュースで報道されることはご存じでしょう）。

体罰をおこなう教師は問題外ですが、そもそも、厳しすぎる指導は、はたして子どものためになるのでしょうか。そこには、できることを増やすことが子どもの将来の幸せにつながると信じ、親をも巻き込んで、どんどんエスカレートしていくという構図が見られるのです。肝心の子どもはどうかといえば、なぜそのようにされるのかがわからず、毎日楽しくない、つらい時間を過ごすことになります。

小学校で、全校の朝マラソンが終わり、楽しそうに雑談をしながら教室に戻ってくる通常学級の子どもたちを尻目に、無言で足早に教室に戻る支援学級の子どもたちがいます。一言でもしゃべろうものなら、担任の怒号が聞こえてくることを、子どもたちはよく知っているのです。そして、困ったことに、このような理不尽な指導に、担任も学校側も親も何の疑問ももっていません。同僚だけでなく、管理職までもがそのような指導を「クラスをよくまとめている」とたたえ、優秀な先生と評価しているのです。

もし、「厳しすぎるのではないか」などと異論を唱えようものなら、すぐに「甘すぎる」「将来をどうするのか」という非難が襲ってきそうです。通常学級では絶対におこなわないような厳しすぎる指導を、なぜ支援学級でおこなうのでしょうか。そこには「劣っているのだから、厳しく育てて引き上げて当然」という、障がい児に対する差別意識が潜んでいることに、多くの教師は気づいていないのです。

子どもは、楽しい雰囲気のなか、好きな人とお気に入りの活動をおこなうことで、最もよく育つといわれています。大人が醸し出す恐怖心に従って、いやいや行動を起こしても、それは本物の力とはなりえないのです。現に、厳しくされた子どもたちが、担任が代わったとたんに豹変するのは、多くの学校で見られることです。

子育てや教育は、基本的に「楽しい」という気持ちをモチベーションにおこなっていくべきです。実力がない教師が、やみくもに厳しくすることで、何か教育をしていると勘違いしているのです。一方で、すべてを受け入れ、ただ優しくしているだけで、子どもを大事にしていると勘違いしている教師もいます。そのどちらも、本当の意味で子どもを大切にしていないという点で、似たりよったりなのかもしれません。

真に力がある教師は、常に子どもを安心させる環境作りをおこない、子どもをおおいにほめながら、ときに厳しく注意するという、当たり前のかかわり方をしています。そして、それこそが、子どもを最も豊かに育てる方法なのです。

# 6 子どものために家庭でできること——Q&A

## Q1 ことばがなかなか出ないのですが

ことばが出ない原因にはいろいろなことが考えられます。まだ出ていない段階で、周りが焦って言わせようとすれば、発語はなおさら遠のいてしまうでしょう。まずは、相手に何かを伝えたいという気持ちを育てることが大切です。「〜して」でも「ねえねえ、〜見て」でもよく、それはことばでなくても、態度や表情でもいいのです。要は、コミュニケーションの力を育てることが肝心です。そのうえで、記憶や模倣、イメージする力など、発達にかかわる力を、時間をかけて育てていきます。

家庭で子どもに話しかける際、以下のようなことに気をつけるといいでしょう。

◎有効なかかわり方

・子どもが出す声を模倣しましょう（同時ではなく、交互に話す）。

・好きなことを手がかりに、話しかけてあげましょう（楽しい雰囲気を作る）。

・歌をたくさん歌ってあげましょう（CDよりも、生の歌声が有効）。

・行動を見て、実況中継のように話しかけましょう（「あっ、大きな犬がきたね」「おしっこ、いっぱい出たね」など）。

・動作の始まりと終わりに、ほんのひとこと声をかけましょう（「さあ、○○に行こうか」「おしまい」「ただいま」「ジュース、飲んだね」など）。

・あいさつを大切にしましょう（「ありがとう」「バイバイ」など。

ただし強要はしない)。

・わかりやすく話しましょう(一気に「おててあらおう」と言うのではなく「おてて　あらおう」と間をあける)。

・擬態語、擬声語、かけ声をたくさん使いましょう(「トントン」「ジャージャー」「ガタンゴトン」「トコトコ」「よいしょ」「せーの」など)。

・必要に応じて、身ぶりやサインを使いましょう(マカトンサインなど)。

◎注意すること

・話しかけすぎないようにしましょう(過度に話しかけることは、かえって発語を遅らせてしまいます)。

・テレビをつけっぱなしにしないようにしましょう(静かな時間は子どもの集中力を高める)。

・教え込まないようにしましょう(「きつねだよ、き、つ、ね、わかった?」などと言わない)。

・質問しすぎないようにしましょう(「これなあに?　あれ、さっき言えたじゃない。言ってごらん」などと言わない)。

・間違いをいちいち指摘しないようにしましょう(子ども「デビオ……」、大人「ちがうでしょ、ビ、デ、オよ。ちゃんと言ってごらん」ではなく、子ども「デビオ」、大人「そうね。ビデオね」と自然に言い直す)。

・無理強いはやめましょう　(「ほら、先生にさようならは?」はやめ、隣でゆっくり「さようなら」と言ってあげる)。

## Q2　発音が不明瞭なのですが

発音が明瞭になるためには、毎日の遊びや食事のときに、次のようなことを取り入れていくといいでしょう。焦らず、時間をかけて取り組みましょう(訓練的にならず、できるだけ楽しくおこなうことが大切です)。

①吹く力、吸う力を育てる

・いろいろな吹く楽器（笛によって、口の部分が違ったり、息の強さが違うので、たくさんの種類を経験するといいでしょう）。

・シャボン玉。

・吹き戻し（毛笛、三方毛笛など、昔のおもちゃ屋さんや100円ショップに売っています）。

・ストローでぶくぶくする（コップに入った水を吹きます）。

・ゼリーをストローで吸って食べる。

・フエラムネを鳴らす。

・ピンポン玉を吹いて転がしたり、穴に入れたりする。

・手のひらに乗せた紙ふぶきを吹き飛ばす。

・麺類をちゅるちゅる食べる（吸う力が身につきます）。

・ろうそくの火を吹き消す（誕生日のケーキで挑戦しましょう）。

②舌の動きを育てる

・唇の周りをなめる。

・飴をなめる（特に、棒つきの飴が有効です）。

・舌を出したり、引っ込めたり、口の外でぐるぐる回したりする。

③噛む力を育てる

・いろいろな食材をよく噛んで食べる（スルメ、納豆、濡れせんべい、大きいもの、胡麻せんべい、固いもの、など）。

特に胡麻せんべいは、胡麻を食べるときに舌をたくさん動かすため、とても有効です。

④声を出す練習をおこなう

・歌（日頃から、たくさん歌いましょう）。

・早口ことば（楽しいことばを提供しましょう）。

・ことばを出す楽器（カズー＝声を出すと音が出ます）。

・うがい（ガラガラ、ぶくぶく、など）。

## Q3 なかなか模倣をしないのですが

模倣の力が育つと、コミュニケーション力や対人関係、社会性などが育つといわれています。そのために、まずは相手の動作や表情をまねしたいという気持ち（人への興味）を育てることが大切になります。

例えば、模倣の力は、音楽活動（手遊び歌、ダンス、楽器）のなかで育てていくのが有効です。なぜなら、子どもたちはみんな、音楽が大好きだからです。手遊びやボディパーカッションを音楽とともにおこなうことで、子どもは自然に身体を動かすようになり、いつの間にか相手と同じ動きを楽しむようになるでしょう。

ただし、模倣することを強要したり、手を持ってやらせたりしないようにしましょう。まずは、相手の動きをじっくり見ることを目標とし、まねをしたいという気持ちを育てるのが先決です。その気持ちが育ってきたら、少しずつ動きを促していきます。

なお、マラカスなどの楽器を手に持っておこなう動作模倣（道具模倣）は、何もないときよりも模倣が出やすくなるといわれています。なかなか模倣をしないときには、道具模倣からスタートするといいでしょう。

## Q4 パニックを起こすことが多いのですが

ちょっとのことで気持ちが混乱して、パニックを起こしてしまうのは、自己コントロール力の弱さが影響していると考えられます。

パニックについては、実際にパニックが起きたときの対応と、日頃から自己コントロール力を身につける、という2本柱で考えていくといいでしょう。

◎その場の対応

もし、パニックになっても、「どうしたの?」などと慌てたり、強く叱ったり、機嫌をとってなだめるようなことはやめましょう。情緒が不安定になっているときに、周囲が敏感に反応するのは、決していいことではありません。一定の距離を保って、静かに見守るのがいちばんです。基本的に、パニック自体をあまり問題視せず、大人自身がなんでもないと考えることが大切です。

また、混乱したときに、いつも誰かが声かけをおこない、他者が解決したのでは、子どもが自力で混乱を解決する機会を奪ってしまうことになります。その意味でも、周囲が動じず、見守ることは意味があるのです。

そして、パニックにつながる原因を少しずつ取り除いてあげることも必要です。パニックが起きたときの状況を細かく観察していくと、いつ、どのような状況で、誰がかかわったときに多く起こるかということが徐々に明確になってきます。そのなかに、明らかに子どもにストレスを与えているものが見つかれば、取り除けばいいのです。

◎日頃から配慮すべきこと

根本的に、パニックが起こりにくくするためには、子どもたちに自己コントロールの力を身につけさせることです。そして、そのためには何よりも、大人が子どもの気持ちを十分に受け止め、安心して生活できる環境作りをおこなう必要があります。

ほかにも、いろいろな活動を通じて、自己コントロール力を身につけることが可能です。例えば、楽器活動(シンバル叩き)をおこなうなかで、徐々に力を強める(弱める)、または、徐々に速さをゆっくりにする(速くする)など、いろいろな叩き方を練習するといいでしょう。それによって、子どもは「だんだん〜する力」を身につけます。この力は、相手に合わせる力や気持ちをコントロールする力と密接に結び付いているのです。

## Q5 こだわりが強いのですが

こだわりは、無理に減らそうとしてもあまり効果はありません。子どもは、それがないと安心できないからこだわっている……、つまり、必要だからこだわっているということを理解しましょう。そのうえで、日常生活のなかで、以下のようなことを取り入れていくといいでしょう。

◎興味の対象を増やす

子どもが好きなものをよく観察し、それを少しずつ広げていきます。例えば、特定の歌が好きなら、その歌を歌いながら、歌詞を1番から2番、3番と増やしていったり、似ている歌、関連する歌を歌っていくようにします。

また、文字や数にこだわりがある子には、いろいろな文字や数の学習をおこないましょう。逆さことばやしりとり、数字ゲーム（引いたカードの数を足して多い人が勝ち）やマトリックス（2つの条件から答えを導き出す課題＝赤いもの＋丸いもの＝リンゴ、トマトなど）など、どんどん学習内容を広げていくのです。絵の活動のとき、絵を描かずに、文字や数字を書いてしまう子がいますが、細かい数字を並べていって形を作り、それが最終的に絵になるようにすると面白いかもしれません。

このように、好きなものを中心に取り組み、ちょっと違うものへと発展させれば、興味の範囲は少しずつ広がっていきます。

◎こだわりを活用する

こだわり（必ずしなければならない儀式）があるなら、それを逆手にとって、活動のなかに取り入れていくという方法があります。流れのなかに、こだわりの儀式を意図的に取り入れ、それをつなぐように活動を進めるのです。

例えば、特定のテレビ番組を見るというこだわりがあれば、その番組が始まるまでに、何と何をやっておくというように、手順を決めるといいでしょう。また、しょっちゅうメールをするというこだわりがあれば、出かけるときと帰るときに必ず家にメールをすると約束させる方法があります。

こだわりをなくすのではなく、こだわりを利用するという発想をもてば、案外、こだわりとうまく付き合っていけるようになるかもしれません。

## Q6 運動面にぎこちなさが見られるのですが

日頃から、いろいろな動きをまんべんなくおこなっていくといいでしょう。特に、バランス運動や協応動作が有効です。

バランス運動では、例えば「片足立ち（フラミンゴのポーズ）を5秒間おこなう」「重ねてしっかりと固定した電話帳の上に立つ」「バランスボールの上に座る」などを、遊びのなかに取り入れます。

協応動作（「〜しながら…する」運動）では、例えば「ウサギになって（両手で耳を作り）ピョンピョンはねる（両足ジャンプ）」など、2つの動作を同時におこなうようにします。両手の協応動作には、左右の手で違う動きをすること（左手＝トライアングルを持つ、右手＝バチで打つ）、右手でグーを作り机をトントン叩き、左手でパーを作り机をぐるぐる円を描くようになでる遊びなどが考えられます。

いずれの運動も、音楽を有効に取り入れると、より楽しい雰囲気を演出することができるでしょう（リトミックなど）。

## Q7 手先が不器用なのですが

子どもに目をつぶった状態で手を出してもらい、そのなかの1本の指に触れ「いま、どの指に触ったかな?」と聞いてみてください。手先の不器用な子は、その質問に答えられないことが多いようです。それは、触覚が鈍感で、分化しきれていないことを意味しています。

手先が上手に使えるようになるためには、細かい操作より、まずは体全体を使った大きな運動（粗大運動）をおこなうことが大切です（ビーチボールで遊ぶ、築山から駆け降りる、など）。そのうえで細かい動作（微細運動）をおこなっていけば、よりスムーズに手先の操作性を高めることができます。

細かい操作の例として、ビー玉入れ、洗濯バサミ、ピンセットで豆つまみ、紙ちぎり、折り紙、マジックテープをはがす、こま回し、チョロQ、はさみ、手遊び、指遊びなどがあげられます。

ボタンかけなど、苦手な操作は途中まで大人が手伝い、結果的にできたという経験をさせるといいでしょう（手伝いは徐々に減らしていきます）。成功体験は、子どもの自信につながります。

## Q8 偏食があるのですが

子どもの偏食は、親としてとても気になるところですが、お腹がすけば自然に食べるようになるということを重視し、気にしすぎないようにしましょう。

偏食には、いくつかの原因が考えられます。

①親のしつけの問題：親がパターン的な食事の場合、偏食になりやすい。
②感覚過敏：触覚や聴覚と同様に、味覚に過敏な場合が多い。舌触りなど、口のなかの過敏さも考えられる。
③感覚が鈍い：異物を食べたり、いくら食べても満腹にならない。

本来は、これらの原因ごとに対処していけばいいのですが、あまり神経質になると食事自体がとても堅苦しいものになってしまいます。ときどき、無理やり食べさせる厳しい指導を見かけますが、基本的に食事の場面は、楽しくなければなりません。食事中は、ほかのどの場面よりもリラックスできる時間であり、子どもにとっても情緒の安定やコミュニケーションの力を育てる絶好の場になるのです。その時間に、子どもにプレッシャーをかけることは全く得策ではありません。

まずは、楽しい雰囲気で食事をとることを最大の目標にしましょう。そのうえで、苦手な食べ物を好きな食べ物に少し混ぜるなど、工夫をしていくといいでしょう。偏食指導は、時間をかけ、丁寧におこなうことが大切です。

## Q9 落ち着きがないのですが

落ち着きがないとは、注意が長続きせず、すぐにあちこちに興味が移り、行動が衝動的で、気持ちが高ぶりやすい状態をいいます。このタイプの子どもは、姿勢の保持が難しく、椅子に座っていてもすぐに身体がグニャッとしたり、いつの間にか立ち歩いたりします。この場合、ことばで動きを制止したり、連れ戻してもあまり効果はありません。それでは、結局注意ばかりすることになり、ことばや動きの刺激に反応しやすいこのタイプの子どもたちは、より落ち着かなくなってしまうのです。

そのため、家庭では以下のような活動やかかわり方をおこなっていきましょう。

◎多動を減らすための運動

・固有感覚（関節への刺激）や前庭感覚（揺れ）にはたらきかける（寝転がって全身でゴロゴロと転がる遊び、トランポリン、人間ぶらんこ、など）。

・ボディイメージを高める運動（ゴムひもまたぎ、ゴムひもくぐり、タイヤ越えジャンプ、など）。

・バランスをとる運動（片足ケンケン、かかと歩き、つま先歩き、膝立ち、など）。
・移動する運動（ハイハイ、高這い、前かがみになって手で両足首を持って歩く＝にわとり歩き、など）。
・協応動作（〜しながら…する）を高める運動（手と足の協応＝ちょうちょになって走る、うさぎになって跳ぶ、なわとび）。
◎多動を減らすための遊び
・リトミック：音楽に合わせていろいろな動きをする→走る、スキップ、ゆっくり歩く。
・全身模倣遊び：モデルと同じポーズをとって5秒間静止する、など。
・ボール遊び：ゴムボールのキャッチボール、転がしっこ、ボーリング、など。
◎その他の有効なこと
・大好きな大人と身体を使って思う存分遊ぶ（じゃれつき遊びを多くすると、あとあとキレることが減る）。
・簡単なルールを守る練習をおこなう（順番におこなう活動、勝ったり負けたりする遊び＝あっち向いてホイ）。
・イメージする力を育てる遊びをおこなう（断片から全体を把握する力。スリーヒントクイズ、絵を少しずつ見せていって何の絵かあてる遊び、など）。
・情報を整理する（掲示物を減らす、シンプルに話す、座る席を配慮する＝前方の端から2番目）。

## Q10　整理整頓が下手なのですが

　整理整頓、すなわち雑然とした状態のなかから必要なものを取り出し、カテゴリーごとに分けていくのは結構難しいことです。部屋におもちゃが散らかっているなど、情報量が多ければ多いほど、子どもは混乱しやすく、何をやればいいのかわからなくなってしまいます。そのため、おもちゃで遊んだあとには、まずは大きな箱を用意し、すべてそのなかに入れてもらうといいでしょう。慣れてきたら、車はこっち、電車はこっちというように、種類ごとに箱の数を増やしていきます。

これと並行して、「図と地の弁別学習」をおこなっていくといいでしょう。図とは「見なければならない形」、地とは「背景」のことです。例えば、たくさんある10円玉（地）のなかから数個の5円玉（図）を探す活動が、図と地の弁別学習にあたります。大勢のなかから特定の人間（または動物）を探す絵本（市販のもの）なども、たいへん役立ちます。

## Q11　幼稚園で友達や先生とコミュニケーションをとることが苦手なのですが

コミュニケーションの力を育てるためには、次の2つの力を育てることが有効です。

①自分の意思（要求）をことばや声、ジェスチャーで相手に伝える力。
②相手とその場を共有し気持ちを共感するやりとりをおこなう力。

①の要求語は、子どもが好きな飲み物や食べ物、おもちゃ、楽器などを用いて身につけることができます。欲しいという気持ちを「手を出す」というストレートな形ではなく、ことばやジェスチャーなどの間接的な手段を用いて表現できるよう、大人がさまざまなサポートをおこないます。まだ、ことばが出る前なら、「ちょうだい」のサイン（次ページの図2を参照）などを教えてあげるといいでしょう。

②は、実際のやりとり場面で「温かいやりとり」を通じて身につける必要があります。気持ちとことばを一体化させ、こちらの

図2 「ちょうだい」のサイン

ことば（視線）→子どものことば（視線）→こちらのことば（視線）……というような大人（親など）との交互のやりとり（ターン・テイキング）をおこなうことが効果的です。相手と一緒にケーキを食べながら、目を合わせて「おいしいね」と言い合い、お互いの気持ちが一体化する（共感する力の獲得）場面を増やしていくといいでしょう。

## Q12 幼稚園で友達ができず、いつも1人でいるのですが

他児とのかかわりがなかなかできないからといって、無理に集団に参加させることはあまりいい解決方法とはいえません。結果的に多くの刺激を受けてしまい、子どもを混乱させることにもなりかねません。

その前に、まずは、大人（幼稚園の先生など）との関係がうまくとれることを目指すといいでしょう。大人と十分に信頼関係が築ければ、子どもは相手と安心してかかわる基礎作りがおこなえます。そして、その大人をパイプ役にして、少しずつ子どもとども

かかわることができるようになっていくでしょう。

関係作りをおこなう際、大人は、対象の子どもが好きなことや得意なものを使って、思う存分遊ぶことから始める必要があります。それらの媒体を通して、他児とかかわる機会も作っていくことができるでしょう。

なお、子どもが他児とのかかわりを拒否した場合には、無理に一緒にせず、大人がその子のことばを代弁して、「○くんはいま1人で遊びたいんだって」などと相手に伝えましょう。それによって、再びみんなのなかに戻っていきやすくなると考えられます。

## Q13 学校でみんなと一緒に行動することができないのですが

みんなと一緒に行動できない背景には、①集団向けの指示が理解できない、②マイペースが強く他者に合わせるのが苦手、ということが考えられます。①の指示のことばに注意を向けられない要因として、ことばを表面的にとらえて理解できていない場合や、聴覚記憶が悪く言われたことばを一時的に記憶できない場合などが考えられます。

このような子どもには、ことばの指示だけでなく、視覚的な手がかりも同時に用いるといいでしょう。位置や場所を示すことば（「校庭のすみ」など）を具体的に絵で描いてみせると効果的です。

また、②のマイペースの改善（社会性の向上）のためには、次のような活動が有効です。

①集団遊びやごっこ遊び
②ジェスチャーゲーム
③ルールがあるゲーム
④音楽活動
⑤創作活動（描画、粘土、紙工作などの共同作品）

家庭内でこれらの活動をおこなうことは、環境的に難しいかもしれません。学校などで取り入れてもらうといいでしょう。

なお、筆者が主宰する発達支援教室ビリーブでは、スタッフ全員が音楽療法士のため、音楽活動にも力を入れています。合奏などの活動を通じ、子どもたちは相手のペースに合わせて楽器を奏でるなど、人に合わせる力（協調性）を身につけることができます。

## Q14　人前でなかなか表現できないのですが

表現というと、つい目に見える派手なものを思い浮かべてしまいがちです。しかし、人前でしゃべったり歌ったりすることだけが、表現ではありません。例えば、みんなで歌を歌ったり、楽器を演奏しているときに、何もせず、目をつむってじっとしている子がいます。その子は、はたして表現していないのでしょうか。そんなことはありません。周りの歌や演奏をよりじっくりと聴くために、あえて目をつむって（外界を遮断して）いるとも考えられるのです。この場合、聴くために目をつむるという行為は、りっぱな表現活動といえるでしょう。このようなことも1つの表現方法だと、周りが認めることが大切です。

そして、子どもの小さな表現を認め、そのことで、心地いい体験を積み重ね、子どもに達成感や自信を身につけてもらいます。自信をつけることが、子どもの表現活動を引き出すうえで、大きな原動力になるのです。

## Q15　よくしゃべるけど、行動がコントロールできないのですが

人の話を聞くことが苦手で、おしゃべりばかりしている子ども

がいます。思っていることをつい口に出してしまう、このタイプの子どもは、「内言語（**）」が育っていないと思われます。口数が多いのは、必ずしも言語発達がいいからとはかぎらないのです。そして、内言語が未発達だと、キレやすいともいわれています。

一般的に、2歳半から4歳は、ことばを使って考える時期（外言語）とされています。考えていることがつい口に出てしまうのです。この時期は、「じっとしていなさい」「やめなさい」などの行動を抑えることばが入りにくいといわれています（親は、「全然言うことを聞かないな」という印象を受けるでしょう）。

5歳半になると、内言語で行動をコントロールすることができるようになってきます。小声で「がまん、がまん」と自分で言いながら行動を調整したり、「ヨイショ」と言って荷物を運ぶようになるのです。

内言語が育っていない子どもは、次のような特徴があるといわれています。

①空間把握が弱い（方向音痴、自分の靴箱が覚えられない、整理整頓が苦手、物をなくす）
②物と物を組み合わせる力が弱い（絵が苦手、字が苦手、特に漢字が苦手）
③相手の表情を読み取ることが苦手（怒っていても気づかない）
④体の左側（利き手以外の手）がおろそかになる（ご飯を食べていて、または字を書いていて左手を垂らしたままにする。定規で線を引くとき、左手で定規を押さえられない、など）

そのため、家庭では次のような遊びや活動をおこなっていくといいでしょう。

①ボディイメージや空間把握の力を育てる。

折り紙、パズル、整理整頓、背中に字や形を書いてあてる遊び。
②物と物を組み合わせる力を育てる。
積み木で見本と同じ形を作る、絵を描く習慣を身につける、絵を途中から完成させる。
③相手の表情を読み取る力を育てる。
ジェスチャーをしてあてる遊び、劇ごっこ、表情ごっこ（「いまの顔はどんな気持ち?」）。
④利き手でない手を積極的に使う。
「ここに手を置こうね」「お茶碗を持とうね」など、できるだけ利き手でない手を意識させる（子どもの視界に入れるようにします）。

（＊＊）内言語：他者向けのことばではなく、自分のなかのことば。声を出さずに頭のなかでしゃべることば。

## Q16 ルールを守れず、1番になれないと怒るのですが

まずは、ボールのやりとりなど、相手と交互におこなう活動で、簡単なルールを身につけていきます。その後、ゲームなどを通じて、順番を理解することを目指します。その際、いきなり順番を守らせるのではなく、どの子も1番になるよう、ローテーションを組むなどの工夫をします。

ゲームは、できるだけ勝ち負けにこだわらないようなもの（フルーツバスケット、ハンカチ落とし、「黒ひげ危機一髪ゲーム」で飛ばした人を勝ちにする、など）やグループ対抗戦をおこなうといいでしょう。また、大人と1対1でおこなう遊びのなかで、勝ったり負けたりする経験を積んでいくことも有効です。どんなゲームでも、勝つこともあれば負けることもあると認識させていくのです。

その際、負けたときに「残念!　まあ仕方ないね。次は頑張る

ぞ」などと、気持ちをことばで表現する練習をするといいでしょう。また、ゲームをおこなう前に、あらかじめ作った約束事を確認することも効果的です（「負けても、泣かない、怒らない」など）。

ただ「頑張れ」「がまんして」と励ますのではなく、いろいろなやりとりを通して、少しずつ負けを受け入れられるようにしていきます。

## Q17 誰かが話している最中に、同時に話し始めてしまうのですが

相手が話している最中にもかかわらず、自分も話しだす場合には、次のような原因が考えられます。

①しゃべっている人に注目することが苦手。
②聞いたことばを記憶できていない。
③いろいろな音刺激のなかから、注目すべきことばを抽出するのが難しい。
④注意がほかに逸れてしまう。

まずは子どもの様子をよく観察し、どの原因なのかを見極めることが大切です。そのうえで、必要な対応をおこなっていきましょう。

①の対策：相手を意識する遊び（手遊び、鬼ごっこ）。
②の対策：ことばを覚える遊び（単語をいくつか聞いて、再生させる）、楽器を叩いてその数をあてる遊び。
③の対策：音の聴き分けゲーム（楽器の音あて、曲あてゲーム）、スリーヒントクイズ（複数のヒントから求められているものをあてる遊び）。
④の対策：本人が好きな活動を中心におこない、集中時間を少し

ずつ延ばしていく。

## Q18 国語の文章題で、文は読めても、内容を理解することができないのですが

「文を読む力」と「文を理解する力」は別物です。1文字ずつが読めるようになれば、拾い読みをしながら、文も読めるようになってきます。ただし、それは文字を音に替えているだけであり、必ずしも意味を理解して読んでいるわけではありません。文を理解するということは、文字を音に替えたあと、その音が意味するものをイメージできるということです。例えば、「犬がワンとほえた」という文を読むとき、「い・ぬ・が・わ・ん・と・ほ・え・た」と1文字ずつ読むのと、犬がほえている姿をイメージしながら読んでいるのとでは、全く異なる力になるわけです。文の内容を理解できない子どもの場合、この「イメージする力が弱い」ようです。

このタイプの子どもには、まずは1行程度の短めの文章を本人に読ませ、次に指導者が読みながらそこに書かれている内容を絵に描いてみせていきます。そこで、指導者と子どもが十分に語り合い、イメージをもたせたあと、簡単な質問をしてみます。質問は、いつ・どこで・誰が・何をした、のように答えやすい内容の文を用意します。1行の文を理解できるようになったら、徐々に文を長くしていきます。また、長文の読解問題などは、1、2行ずつに分けて考えていくようにさせるといいでしょう。

どのような場合も、本人の負担になりすぎないよう配慮することが大事です。

## Q19 算数の文章題が苦手なのですが

まず、文章題のどこでつまずいているかを確認します。

①文章自体の意味を理解できていない。
②文章は理解できるが、そこから計算式を立てることができない。

①の場合、まずは文章の読み取りに課題を絞ります。文章だけを別紙にし、大事な部分に下線を引いたり、求められていることのキーワードを抜き出したりします。また、内容に応じた絵を描いてみせたり、具体物の操作をおこなうことも有効でしょう。慣れてきたら、子ども自身が文章を読んで絵を描いたり、具体物を操作することを目指します。もちろん、日頃から文章を読むなど、国語学習を充実させることも大変役に立ちます。

②については、文章を読んでも、たし算になるのか、ひき算になるのか、他の計算式になるのかがよくわからない場合です。まずは文章を読んだときにキーワード（合わせて、残りは、など）を抜き出し、それを見ながら使う式を考えていきます。そのためには、①でおこなう方法（絵を描く、具体物を使う）が有効です。使う式がわかったら、文の順序どおりに式を当てはめていく練習をおこなうといいでしょう。

例）「はじめに○こありました」→「次に△こもってきました」→「そのあと□こつかいました」→「最後にいくつ残ったでしょう」（○＋△−□）

いずれにせよ、文章題では苦手意識をできるだけもたせないようにすることが大切です。そのためには、内容を子どもが好きなものに置き換えたり、わかりやすい文章にアレンジしたりして、興味を引くようにします。

## Q20 何をやっても、いつも中途半端で終わってしまうのですが

いまやっていた活動を途中でやめてしまうというのは、発達障がいがある子どもに多く共通する悩みです。その要因として、次の2つが考えられます。

①課題が合っていない。
②ほかの刺激に反応しやすい。

①については、まずは課題を子どもが取り組めるレベルまで調整し、子どもに「できた」という達成感を味わわせることが大切です。「少し頑張れば何とかできる」「ちょっとのサポートがあれば達成できる」というようにすれば、子どもは混乱せずに、最後まで活動に取り組めるでしょう。また、「ここまでやったら、お母さんを呼んでね」などと、終わりの見通しをもたせると、より活動に集中しやすくなります。

②については、いろいろな刺激（聴覚刺激や視覚刺激）によって、気があちこちに移ってしまう（注意転導が激しい）というケースがあげられます。それを防ぐためには、周囲の刺激を極力整理し、適度な量まで減らしていくことが大切です。家庭で宿題に取り組んでいるときには、机の上に不必要な物を置かない、テレビを消す、などの配慮が必要になってきます。学校では、教室の掲示物を精選する、外が見えないようにカーテンを閉める、座席を前の席にする、などが有効です。

いずれの場合にも、子どもがやり始めたことを途中で終わらせないようにするのが大切です。多少援助を多くしても、必ず最後までやりとげるという経験を、1つ1つ積み重ねていきましょう。

## Q21 音楽療法に興味があるのですが

障がい児の音楽療法では、セッション（音楽療法活動）を通じて、次のような目的の達成が期待されています。

①情動の発散や安定。
②運動・認知面の発達促進。
③言語・コミュニケーション能力の発達促進。
④自己表現力の育成。
⑤対人意識の育成、集団性・社会性の育成。

このように、音楽療法活動は子どもたちの発達全般にとても大きな効果を発揮します。具体的には表3のような内容が考えられます。

**表3 音楽療法活動とねらい**

| 活動の種類 | 活動名 | ねらい |
|---|---|---|
| 歌 | あいさつの歌・さようならの歌 | 活動の始まりや終わりの意識、繰り返しによる安心感、自分や他児の名前の意識、歌う、呼名に応じる、周りの人との一体感、信頼関係の高まり |
| | パネルシアター | 視覚・聴覚記憶、視覚・聴覚イメージ |
| | 絵描き歌 | 見る力、見続ける力、イメージ |
| | 歌のリクエスト | 歌への興味、歌の好みの発生、選択する力、要求表現、集団の中で自分を発揮する力、ルールの理解 |

| | | |
|---|---|---|
| | 楽器を使った遊び歌 | 楽器を弾くまねをする、イメージ遊び<br>発声・発語の促進 |
| 鑑賞 | 楽器の提示 | 音への興味、楽器の形への興味、触覚受容の高次化 |
| | セラピストによる歌や演奏 | 曲への興味、聴覚記憶、注意の集中<br>美的感覚への満足感 |
| | 楽器、曲あてクイズ | 聴き分ける力、聴覚記憶、聴覚イメージ |
| 身体表現 | 道具を使った模倣遊び（マラカスなど） | ボディイメージ、動作模倣 |
| | 模倣遊び | ボディイメージ、動作模倣、即時模倣<br>リズム同期、相手との一体化、コミュニケーション |
| | 両手をつないでゆらす遊び | 前庭・固有感覚の受け入れ、スキンシップ、ボディイメージ、音楽と動きの一体化、適応力 |
| | リトミック『歩く・走る・ジャンプする』 | 歩く・走る・スキップ・ゆっくり歩くなどの動作<br>情動の発散、ボディイメージ、協応動作、即時反応<br>音楽と動きの一体化、適応力、自己コントロール |
| | ジャンピング台跳び | 情動の発散、音楽と運動（ジャンプ）の一体化<br>バランス感覚、リラックス、順番を待つ力 |
| | いろいろな踊り | 2人（大勢）で歩く・踊る、2人（大勢）で手をつないで回る、ワルツを踊る |

| | | |
|---|---|---|
| | バルーン | 情動の発散、ボディイメージ、音楽と動きの一体化<br>遊びの創造 |
| 楽器 | 触れる、手で叩く（コンガ、ボンゴ、ジャンベなど） | 手の感覚受容の高次化、感覚の活用、因果関係の理解、手の操作性、情動の発散、音量の強弱による表現拡大、両手による同じ動作、交互の動作、音楽と動きの一体化、聴覚－運動のコントロール<br>身体の左右のバランス |
| | バチで叩く（太鼓、シンバル、スリットドラムなど） | 情動の発散、音量の強弱による表現拡大、音楽の余韻の共有、手の巧緻性、両手による同じ動作、交互の動作、目と手の協応、位置記憶、音楽と動きの一体化<br>聴覚－運動のコントロール、身体の左右バランス |
| | はじく（ツリーチャイム、カリンバ、クロマハープ、Qコードなど） | 微細運動の調整、手の巧緻性、運動の方向性<br>運動の停止、左右の交互性、曲想に合わせる力 |
| | 振る（マラカス、ミュージックベル、トーンチャイムなど） | 追視、聴覚－運動のコントロール、握って振る動作<br>手首－肘－肩のバランス、運動の方向性・制御 |
| | 吹く（ハーモニカ、水笛、カズー、キンダークラリーナなど） | 呼吸の意識化・調整、口腔感覚の調整、発語の促進<br>舌と唇の協応動作、息と音の因果関係の理解<br>吹きながら手の操作を行う、音階の意識 |

| | | |
|---|---|---|
| | こする（カバサ、クロマハープなど） | 触覚受容、運動の方向づけ |
| | すべらす（ツリーチャイム、Qコードなど） | 触覚受容、運動の方向づけ、見続ける力 |
| | 合奏『風になりたい』など | 音・楽器への興味、テンポ・リズムの意識と同期<br>メロディーの意識、みんなで音を出すことへの喜び<br>情動の発散、曲想に合わせて表現する力、仲間意識 |

（出典：前掲『子どもの豊かな世界と音楽療法』14－15ページから抜粋）

## 引用・参考文献


エリザベス・キューブラー・ロス『死ぬ瞬間——死とその過程について』鈴木晶訳、読売新聞社、1998年

石渡和実『Q&A障害者問題の基礎知識』明石書店、1997年

加藤博之『かずへの準備 チャレンジ編』(「〈特別支援教育〉学びと育ちのサポートワーク」第2巻)、明治図書出版、2012年

加藤博之『文字への準備 チャレンジ編』(「〈特別支援教育〉学びと育ちのサポートワーク」第1巻)、明治図書出版、2011年

加藤博之『発達の遅れと育ちサポートプログラム——子どもの世界が広がる遊び63』(「これからの特別支援教育」第1巻)、明治図書出版、2009年

加藤博之『子どもの世界をよみとく音楽療法——特別支援教育の発達的視点を踏まえて』明治図書出版、2007年

加藤博之『子どもの豊かな世界と音楽療法——障害児の遊び&コミュニケーション』明治図書出版、2005年

日本学校音楽教育実践学会編『障害児の音楽表現を育てる』(「学校音楽教育実践シリーズ」第3巻)、音楽之友社、2002年(加藤博之共著)

加藤博之「特殊学級における多動児の対人意識を高める試み——小集団音楽活動における身体への働きかけを中心に」、日本特殊教育学会「特殊教育学研究」編集部編「特殊教育学研究」2000年3月号、日本特殊教育学会、111—120ページ

加藤博之/藤江美香『音楽療法士になろう!』青弓社、2007年

「学校心理士」認定運営機構企画・監修、松浦宏/新井邦二郎/市川伸一/杉原一昭/堅田明義/田島信元編集『学校心理士と学校心理学』(「講座「学校心理士——理論と実践」」第1巻)、北大路書房、2004年

今村情子/泊祐子/大矢紀昭「長期に入所している重度心身障害児(者)と家族の関わりの変遷」、日本小児保健協会「小児保健研究」2001年11月号、795—802ページ

木村順『育てにくい子にはわけがある——感覚統合が教えてくれたもの』(「子育てと健康シリーズ」第25巻)、大月書店、2006年

丸山美和子『小学校までにつけておきたい力と学童期への見通し』(保育と子育て21)、かもがわ出版、2005年

中川信子『子どものこころとことばの育ち』(「子育てと健康シリーズ」第20巻)、大月書店、2003年

中川信子監修、NHK出版編『ことばの育み方』(「NHKすくすく子育て育児ビギナーズブック」第5巻)、日本放送出版協会、2010年

中田洋二郎『子どもの障害をどう受容するか――家族支援と援助者の役割』(「子育てと健康シリーズ」第17巻)、大月書店、2002年
日本LD学会編『LD・ADHD等関連用語集 第3版』日本文化科学社、2011年
岡本夏木/清水御代明/村井潤一監修『発達心理学辞典』ミネルヴァ書房、1995年
岡崎祐士/青木省三/宮岡等編「こころの科学」2005年11月号、日本評論社
師田恵美「特別寄稿 障害をもつ子どもの発達と親の思い」「発達」2005年7月号、ミネルヴァ書房
心理科学研究会編『育ちあう乳幼児心理学――21世紀に保育実践とともに歩む』(有斐閣コンパクト)、有斐閣、2000年
杉山登志郎『発達障害の子どもたち』(講談社現代新書)、講談社、2007年
高橋道子/藤崎真知代/仲真紀子/野田幸江『子どもの発達心理学』新曜社、1993年
津田望『入門新・ことばのない子のことばの指導』(障害児教育指導技術双書)、学習研究社、1998年
海津敦子『発達に遅れのある子の親になる――子どもの「生きる力」を育むために』日本評論社、2002年
海津敦子『発達に遅れのある子の就学相談――いま、親としてできること』日本評論社、2005年
海津敦子『発達に遅れのある子の親になる2――特別支援教育の時代に』日本評論社、2007年
宇佐川浩『障害児の発達臨床とその課題――感覚と運動の高次化の視点から』(「淑徳大学社会学部研究叢書」第7巻)、学苑社、1998年
宇佐川浩『障害児の発達支援と発達臨床――発達臨床心理学からみた子ども理解』全国心身障害児福祉財団、2001年
ヴィゴツキー『思考と言語』上巻、柴田義松訳、明治図書出版、1962年、253―291ページ

# おわりに

2007年に障がい児の育ちをサポートするための教室（発達支援教室ビリーブ）を立ち上げ、日々実践を積み重ねてきました。子どもたちとの楽しいかかわりはもちろんのこと、保護者の方との密接なやりとりを通じて、いろいろなものが見えてきました。

親はみんな、子どもの成長を心から願っています。どんな小さな成長でも、子どもがキラキラと輝いてさえいれば、親子は十分に幸せになれるのです。そのために、私たちができることは一体何なのか。日々悩み続け、多くの親子からいろいろなことを教えてもらい、やっと生み出した答えの1つが本書の内容なのです。

本書には、保護者から聞いた生の声をたくさん書いています。また、困ったことや理不尽なできごとにどう対処すればよいかを提案しています。それはハウツー的な技術として紹介しているのではなく、障がい児の子育てで、何を最も大切にすべきなのかを繰り返し述べているのです。

子どもを限りなく大切に思う。
誰よりも深く知ろうとする。
「発達」という視点を大切にしながら、この上なく謙虚にアプローチする。
うまくいかなかったときは、自分のどこがよくなかったのかと大いに反省する。
多くの人の意見を取り入れながら、自分のやり方を柔軟に変えていく。

これらは、もしかしたら誰もが当たり前に思っていることなのかもしれません。しかし、障がい児の親子を目の前にし、彼らを取り巻く複雑な環境を知るにつれ、改めて大切にしなければならないと強い気持ちになってくるのです。それは、親も、子どもとかかわる立場の人も、全く同じだと考えています。

専門家といわれる多くの人たちが、これまで何十年もかけて実践や研究を積み重ね、指導法に磨きをかけてきたにもかかわらず、それらが実際には教育に生かしきれていないという現実が見られます。そして、まだまだ障がい児者に対する偏見や差別もあちこちで散見されています。

この原稿を書いている最中にも、「子どもが差別を受けた」と涙する保護者に出会いました。ことばで反論できない子どもたちに対し、なぜ圧力をかけるようなことをするのでしょうか。子ども同士ならいざ知らず、大人がそのようなことをする事実を、私たちは絶対に見逃してはならないのです。

最後に、本書の執筆にあたり貴重なアドバイスをいただいた私たちの仲間、発達支援教室ビリーブのスタッフ、橋本明里さんと茂木秀昭さんに心からお礼申し上げます。

また、『音楽療法士になろう!』に引き続き本書の出版を勧めてくださり、企画の段階から多大なる励ましと丁寧な助言をいただいた青弓社の矢野恵二さんに心から感謝を申し上げます。

加藤博之／藤江美香

［著者略歴］
加藤博之（かとう ひろゆき）
筑波大学大学院教育研究科修了
学校心理士、ガイダンスカウンセラー、日本音楽療法学会認定音楽療法士、リハビリテーション修士
小学校、特別支援学校、昭和音楽大学の教員を経て、現在、発達支援教室ビリーブ代表、文教大学講師
著書に『子どもの世界をよみとく音楽療法』『発達の遅れと育ちサポートプログラム』『〈特別支援教育〉学びと育ちのサポートワーク』第1・2・3巻（いずれも明治図書出版）、共著に『音楽療法士になろう！』（青弓社）など

藤江美香（ふじえ みか）
国立音楽大学教育音楽学科Ⅱ類（リトミック）専攻卒業
特別支援教育士、日本音楽療法学会認定音楽療法士
高齢者・知的障がい者・障がい児の音楽療法を経て、現在、発達支援教室ビリーブ副代表、帝京科学大学講師、特別支援学校講師
共著に『音楽療法士になろう！』（青弓社）

発達支援教室ビリーブ（http://www.believe-kids.com）

# 障《しょう》がい児《じ》の子育《こそだ》てサポート法《ほう》

発行――2013年5月4日　第1刷
定価――2000円＋税
著者――加藤博之／藤江美香
発行者――矢野恵二
発行所――株式会社青弓社
〒101-0061 東京都千代田区三崎町3-3-4
電話 03-3265-8548（代）
http://www.seikyusha.co.jp
印刷所――厚徳社
製本所――厚徳社

ISBN978-4-7872-3355-4 C0036

加藤博之／藤江美香

## 音楽療法士になろう！

障害をもつ子どもたちの成長を、音楽活動を通して、さまざまな社会的ハンディを軽減させて豊かな社会生活を送れるよう援助する。いま注目の音楽療法士を目指す人に好適な入門書。　1600円＋税

石川瞭子／吉村仁志／鈴木恵子

## 児童・生徒の心と体の危機管理

多動性障害・学習障害ほかの症状や障害をはじめ、育児ネグレクトなどの危機に学校はどう対応し、教育的な成果を目指せばいいのか。多数の事例を紹介しながら対応方法をガイドする。　2000円＋税

石川瞭子／門田光司／水野善親／佐藤量子 ほか

## スクールソーシャルワークの実践方法

不登校やいじめなどの難問が山積している学校現場で、地域の他職種や多機関とも連携して、社会資源も活用しながら支援する具体的な方法を、実例をもとに実践者や研究者が提言する。　2000円＋税

崎山治男／伊藤智樹／佐藤 恵／三井さよ ほか

## 〈支援〉の社会学

**現場に向き合う思考**

障害者など困難を抱える当事者とそれを支える人々の経験は、どのようにすくい取れるのか。現場に向き合い、制度から排除される人々に寄り添うことがいかに重要かを明示する。　2800円＋税